U0348725

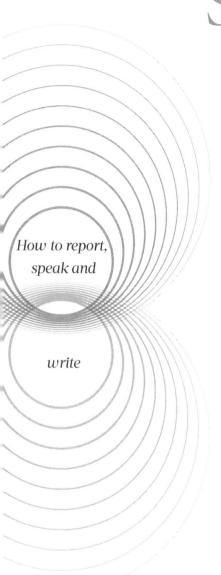

Structural
Communication

黄漫宇　著

结构化
表达

如何汇报工作、
演讲与写作

机械工业出版社
CHINA MACHINE PRESS

学好结构化表达有利于我们在职场中提升沟通效率，改进沟通效果，有效解决沟通中的种种难题。本书以各种职场沟通的情境为案例，系统介绍了结构化表达的原理、要求和工具，并详细分析了将结构化表达应用于汇报工作、与客户沟通、讲故事、做演讲以及写作等具体沟通情境中的技巧、流程与框架。

本书适合职场人士，尤其是职场新人阅读，通过系统阅读或者带着问题进行查找式阅读，将使读者迅速提升结构化表达的能力，轻松解决职场沟通中的各种难题。

图书在版编目（CIP）数据

结构化表达：如何汇报工作、演讲与写作 / 黄漫宇 著.
—北京：机械工业出版社，2020.4（2025.1 重印）
ISBN 978 - 7 - 111 - 64808 - 6

Ⅰ.①结…　Ⅱ.①黄…　Ⅲ.①语言表达-通俗读物
②商务-应用文-写作-通俗读物　Ⅳ.①H0 - 49　②. H152. 3 - 49

中国版本图书馆 CIP 数据核字（2020）第 030299 号

机械工业出版社（北京市百万庄大街 22 号　邮政编码 100037）
策划编辑：曹雅君　　　责任编辑：曹雅君　佟　凤　刘怡丹
责任校对：郭明磊　　　封面设计：马书遥
责任印制：单爱军
保定市中画美凯印刷有限公司印刷

2025 年 1 月第 1 版·第 38 次印刷
145mm×210mm·9. 625 印张·193 千字
标准书号：ISBN 978 - 7 - 111 - 64808 - 6
定价：59. 00 元

电话服务　　　　　　　　　　网络服务
客服电话：010 - 88361066　　机 工 官 网：www. cmpbook. com
　　　　　010 - 88379833　　机 工 官 博：weibo. com/cmp1952
　　　　　010 - 68326294　　金 书 网：www. golden-book. com
封底无防伪标均为盗版　　机工教育服务网：www. cmpedu. com

前　言　PREFACE

作为职场人士，虽然我们每天会将很多时间花在诸如打电话、发微信、收发邮件、制作PPT、写作报告、面谈等多种沟通和表达上，但是仍然会发现很多工作障碍是由于沟通或表达不畅所导致的。很多职场人士尤其是职场新人经常输在沟通和表达上。具体表现在无论工作汇报，还是与客户沟通，无论演讲还是写作，由于缺乏应有的逻辑，导致表达混乱，模棱两可，让人不知所云，陷入理解的困境。

缺乏有效的沟通能力，容易造成人际关系紧张，甚至丢掉工作，不仅影响职业发展，还会影响生活质量，乃至人生高度。斯坦福国际咨询研究所和卡内基基金会对《财富》世界500强企业所做的一项研究表明：长期的工作成功，75%依赖于良好的人际沟通，只有25%依赖于技术知识（技术技能）。能否有效提升职场沟通能力决定了我们工作和生活的品质。

商业领袖李·艾柯卡曾说：你拥有绝妙的想法，却无法传播他们，那么你的想法就毫无用处。要想用简洁、清晰以及具有信服力的表达传递自己的想法和观点，要想在职场中游刃有余地应对各种错综复杂的沟通局面，要想获得工作伙伴的认可与信任，我们都可以在结构化表达中寻求帮助。

曾经在麦肯锡工作过的咨询顾问芭芭拉·明托致力于探索条理清晰的文章所必备的思维结构，于是撰写了《金字塔原理》一书（这是一本讲解写作逻辑和思维逻辑的读物）。本书所讲的结构化表达则是金字塔原理在中国职场沟通情境下的具体应用。

为了让结构化表达能够更加实用地解决职场沟通中的实际问题，本书将从提升职场沟通能力的视角分析如何有效应用结构化表达解决职场中的诸多沟通难题。

本书直面职场中汇报工作、与客户沟通、讲故事、演讲和写作等具体沟通情境，通过大量实战性的案例，运用图表尤其是思维导图向读者系统介绍如何将结构化表达应用于这些沟通情境中。无论原理的介绍、框架的分析、案例的选择，还是图表的呈现，目的只有一个：让金字塔原理更加契合中国职场沟通的需要，使结构化表达更接地气，通过满满的"干货"让读者发现应对职场沟通中的种种难题仍有规律可循，仍有捷径可走。

因此，本书力求做到：

1）针对职场人士在商务活动中面临的沟通难题，在介绍结构化表达的原理与技巧的同时向读者展示具有极强操作性的沟通方案，让读者在解决实际问题的同时快速掌握结构化表达的技巧。

2）图文并茂，适合碎片化阅读。

3）每一节都针对某些具体的沟通情境，方便读者碰到实际问题时快速查找方案，即找即用。

4）通过代表性案例和生动有趣的语言，增强文字的可读性，降低学习结构化表达和金字塔原理的门槛。

全书聚焦用结构化表达解决职场沟通中的痛点和难点这一主题，围绕商务活动中的具体情境和案例，介绍结构化思维与结构化表达的基本理念、要求，具体的结构见图1。

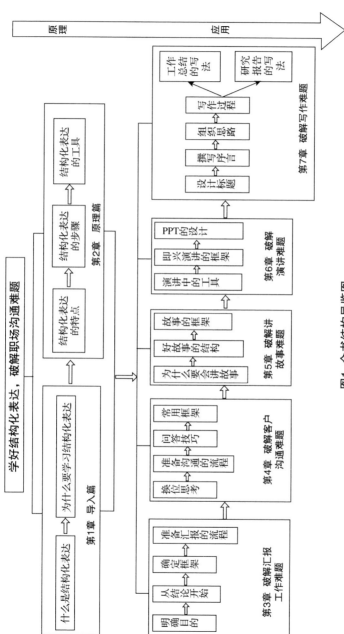

图1　全书结构导览图

V

读者既可以阅读全书，也可以有针对性地对实际问题即查即用，带着问题翻看相应的章节，如果时间有限，也可以在阅读每一章最后的思维导图后再有选择性地仔细阅读对应的章节。

对于那些希望更有效解决职场沟通难题，期望在较短的时间内，或是利用碎片化时间来提升自己沟通和表达能力的读者而言，本书将是您最好的选择。

围绕职场软实力的提升这一主题，作者开通了微信公众号"EQ 阁"，旨在为职场人士提升沟通力、学习力和思考力提供一个自主学习的平台，欢迎读者们关注。

另外，为了便于读者深入了解新案例和新场景，我还录制了与本书配套的视频课，欢迎扫描二维码收看。

黄漫宇
2020 年 1 月于武汉

目 录 CONTENTS

第 1 章

破解职场沟通难题的撒手锏：结构化表达

Chapter One

1.1　这些沟通难题你在职场中碰到过吗

　　职场中沟通不畅的问题很常见，虽然我们每天有70%的时间花在诸如打电话、发微信、收发邮件、制作PPT、写报告、面谈等多种沟通工具上，但是70%的工作障碍却是由于沟通不畅所导致的，很多职场人士，尤其是职场新人输在沟通上，比如以下类似的情境是否也曾经出现在你所面临的沟通难题中呢？

情境1　安排聚会时间

　　贝蒂是一家公司的总经理秘书，她的老板吩咐她在周末安排一次与主要客户高层的午餐聚会。经过多次联系，现在贝蒂汇总了所获得的信息如下：A公司张总说本周六整天都有安排，周日可以；B公司毛总说本周六或者周日都可以，但是周日晚上他需要早点回家；C公司李总说正在外地谈一个项目，周日上午才可以回来。

　　在聚会地点方面，贝蒂想预订环境优雅的新阳光酒店，但是打电话时才发现所有包间周日已经被预订，只有一个包间在中午时有约2个小时的空闲。这个时间段也刚好，如果大家意犹未尽，还可以转场到其他地方继续交流。

那么贝蒂如何用一句话来向她的老板汇报聚会的安排呢？

情境 2　出差前要准备什么？

李力到公司工作已经 3 个月了，还处在熟悉业务的过程中。有一天上班时间，他突然接到老板的电话说明天出差去北京拜访客户，李力顿时受宠若惊，老板在电话那头问李力有问题吗？李力迅速答应，说没有问题。

挂了电话后，等到李力着手做出差准备时就傻眼了，具体什么时候出发？去几天？去拜访谁？要提前准备什么？要不要预订机票和住宿……刚才由于太激动了，这些细节问题居然忘记与领导沟通了。可是领导那么忙，现在再打电话去问合适吗？领导方便接电话吗？会不会嫌我啰唆呢？李力陷入迷茫。

情境 3　电梯偶遇：电梯太慢了还是太快了？

谭小明大学毕业后初到公司，每天勤勤恳恳工作，某天晚上加班，从 10 楼下来遇到公司董事长，董事长关切地问："加班到这么晚，很辛苦啊，最近忙什么呢？"小明回答："是的，很忙的……"一时不知该如何继续说下去，电梯很快到了 1 楼。

不多久，谭小明有天晚上又加班，从 10 楼下来又遇到了公司的董事长，董事长仍然关切地问："加班到这么晚，很辛苦啊，最近忙什么呢？"有了上次的教训，这次小明有备而来，回答道："最近做了……"他滔滔不绝地讲起来，可是一个项目背景还没有介绍完，电梯就到了一楼。

这个时候，小明开始郁闷了，究竟该如何应对这种局面呢？如何将不期而遇转化为机遇？

（注：关于此案例的具体应对技巧建议读者阅读微信公众号"EQ阁"上的一文《让不期而遇变成机遇：用结构化表达抓住机会》）

情境4　自我介绍该说些什么？

刘明好不容易得到一个面试机会。他准时来到面试地点，刚坐下来，HR就让他先做个自我介绍。

"好的，我是一个活泼外向的男孩子，兴趣广泛，特别喜欢打篮球和踢足球，很高兴有机会来参加这个面试。我也很爱学习，学的是市场营销专业。读书期间还当过班长，成绩也比较好。由于乐于助人，同学们都比较喜欢和我交朋友。我还参加过社团活动，还到企业去实习过。另外，我也比较喜欢读书……"

刘明天马行空地讲了2分钟，HR从头到尾眉头紧锁，没有再多问一个问题。

刘明走出会议室，百思不得其解，我说错什么了？

以上情境我们是否经历过呢？主要的问题在哪里？为什么关键时刻我们总是想不清楚、说不明白呢？

这是由于我们缺乏结构化思维，更没有结构化表达的习惯，导致我们在思考和表达时都缺乏应有的逻辑，因此表达混乱，模棱两可，往往令听众不知所云，陷入理解的困境。

商业领袖李·艾柯卡说："你拥有绝妙的想法，却无法传播它们，那么你的想法就毫无用处。"

如何选择沟通对象喜欢的方式，用简洁、清晰、有信服力的表达传递自己的想法和观点，获得对方的认可，这正是结构化表达要告诉你的。

要想在职场中游刃有余地应对各种错综复杂的沟通局面，我们先要学好结构化表达。

1.2 初识别结构化表达

1. 结构化表达：结构化思维 + 换位思考

世界上万事万物都是由部分组成的整体，小到原子、分子，大到宇宙，都离不开部分与整体的关系，任何事物都有其结构，都有部分与整体的关系，因此结构即事物各个组成部分之间的有序搭配或排列。

无论是自然界还是人类社会，结构无处不在。同样的部分，组成方式不同，则可能形成截然不同的物质，比如价值不菲、坚硬透明的钻石和价格低廉、柔软细腻的石墨都是由碳原子组成的，结构不同导致性质和功能大相径庭。而在人类社会，结构也同样重要，比如不同的组织结构会导致各个组织效率产生极大差异，不同的家庭结构会造成风格迥异的家庭成长环境。

(1) 结构化思维是结构化表达的基础

思维是大脑在感知到各种输入的客观事物的基础上，对获得的信息进行主动加工，形成认识或表达的过程。

结构化思维一词，"结构化"是形容词，根据结构的概念，结构化强调各个组成部分之间的搭配或者排列是有序的，因此结构化思维就是在加工和输出信息的过程中，对信息进行有序搭配或排列的过程。

比如，如果我们看到这样一组数字：1348163264，现在要求我们在 20 秒内记下这组数字，并把它默写下来。如果缺乏结构化思维，采取强行记忆，这是很困难的，但是如果使用结构化思维，在认识这组数字时对之进行有序排列，就会发现这些数字之间的规律，也就是从第三个数字开始，均为前面数字的加和，比如第三个数字 4 是前面两个数字 1 + 3 的和，第四个数字 8 是前面三个数字 1 + 3 + 4 的和。

由此可见，有了结构化思维，则会使思考、决策和表达更有逻辑，条理更清晰，在使自己迅速理解信息的层次性的同时降低受众的理解成本。

（2）建立在结构化思维基础上的结构化表达

结构化表达是基于结构化思维，厘清事物整体与部分之间关系、换位思考后，进行的简洁、清晰和有信服力的表达，是一种让受众听得明白、记得清楚、产生认同的精益沟通方式。

按照"干什么用 + 怎么用 + 用的结果"这一结构对于结构化表达进行定义，可以画出如图 1 - 1 所示的图形。

图 1 - 1　结构化表达释义图

结构化表达正是利他思维与讲理思维这两种基本沟通理念的完美结合。

2. 结构化表达：解决职场沟通难题的良药

正如前面四种常见情境所示，由于当代社会中，人们常常需要同时处理许多事情，不停地被各种信息轮番轰炸，不时地被干扰，很容易走神，这样也导致了人们的专注力很容易降低，研究表明，在过去的 5 年中，人们的平均注意力时长从 12 秒钟降低到了 8 秒钟。

特别是管理层更是如此。另一项研究显示，CEO 的工作时间大约有 85% 是同别人一起度过的，其中开会占去 60% 的工作时间，而剩下 25% 的时间还要用来打电话和处理公共事务等。

在注意力如此稀缺的时代，我们需要精简和高效的表达。在当今世界，单靠好的想法、题目或预留时间就想获得他人长时间的关注，已经不太可能了。我们更需要在表达技巧上下功夫，用简明扼要、清晰易记的方式传递信息，方能留住听众，而结构化表达则是实现以上沟通目的的利器。

知名的咨询公司麦肯锡在结构化思维和表达方面堪称表率。艾森·拉塞尔在所著的《麦肯锡方法》一书中提出，做咨询有三个基本思路：一是以事实为基础，二是以假设为前提，三是严格的结构化，并强调严格的结构化是解决问题的关键。

同样是在麦肯锡工作过的芭芭拉·明托是践行结构化的最佳代表。开始芭芭拉本来被公司派往欧洲向母语为非英语的咨询顾问讲授如何用英语写报告的课程，在多年的培训中，她发现欧洲的咨询顾问在写报告时的主要问题并非是语言方面的障碍，而是和美国本土的咨询顾问一样都很难在写作时做到思维清晰。针对

007

这一现状，她开始致力于探索条理清晰的文章所必备的思维结构，于是总结了一套写作过程中的组织原理，撰写了《金字塔原理》一书，并离开公司开始专业从事商务文书写作方面的培训工作。

《金字塔原理》提倡按照读者的阅读习惯组织信息，由于主要思想总是从次要思想中概括出来的，文章中所有信息的最佳组织结构必定是一个金字塔结构——由一个总的中心思想统领多组思想，如图 1-2 所示。

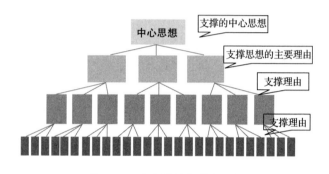

图 1-2　金字塔结构基本形状

以上金字塔结构是立体的，既有纵向延伸，也有横向发展，而且这两种关系是同时存在的。纵向关系指的就是从上向下的延伸关系和从属关系，下面的内容是根据上面的内容拓展或总结出来的，可以是递进关系、因果关系、时间关系或举例关系。横向关系指的是同一层次之间的并列关系或者递推关系。

结构化表达最大的优点在于能够将所见到的事物有条理地组织在一起，在帮助受众理清楚事物之间逻辑关系的同时，也能够更容易记住这些信息。比如在给别人讲故事的时候，按照结构化表达的要求去讲，先讲主线，然后再去细讲每一条支线，听的人就会一边听一边思考，想知道接下来发生了什么事，但如果我们第一条支线还没有讲完，就跳到第三条支线，然后又跳到第五条支线，就会导致听的人不知所云。

1.3　为什么人人都需要学点结构化表达

案例：要么直击要点，要么出局

作者的一个 EMBA 学生刘总曾经讲过他的一段经历。

刘总是某食品生产企业的销售总监，他们公司聘请了一家广告代理机构设计一套针对年轻消费者的营销方案，该机构做了 3 个月以后，刘总安排了 1 个小时的会议与他们讨论方案。

尽管公司只提供了几页 PPT 的演示，但是其中夹带了太多研究和推荐的内容，每页 PPT 都被塞得满满当当。

"当然，可能是他们想尽量将方案讲清楚，但是他们想要传递的内容似乎也太多了"，刘总说。

"而且这还不是主要问题"，刘总继续向我抱怨："会议进行了 5 分钟时，我感觉口袋中的手机在震动，而当我试图查看时却发现手机根本就不知道在哪里。最后，我在包里找到了手机，其间我一直在找手机，并没有听他们的演示。"

"然后我发现这是我妻子发过来的信息，她在询问关于儿子办理入学手续的事，她需要立即找到户口本，问我户口本在哪里，我立马回复了这条信息。"

"当我处理完这件事，试图重新回到会议内容时，感觉有点被动，甚至有点紧张，因为我一直没有认真听他们讲话。此时代理机构开始询问我问题，我只能解释刚才有点事情忙着处理，还没清楚他们的方案。而当我试图集中精力去听他们的计划和分析时，我的助理来敲门了，说有非常重要的事情需要耽误我几分钟做出决策，于是我不得不走出会议室听他的汇报，他说了三四分钟，直到我不得不打断他。"刘总回忆到。

"我回到会议室，表示抱歉，每个人都说没有关系，但是我们的会议气氛变得更糟，可供讨论的时间也更少了，我开始变得烦躁。代理机构似乎没有意识到这一点，他们仍旧按照计划花了50分钟才讲到重点，前面所做的铺垫太多，而且信息模糊。最后会议不欢而散，我感觉我浪费了1个小时。"刘总总结最后的结果。

刘总的经历对我们来说并不陌生，手机、电子邮件、社交媒体，这些工具的存在使我们随时随地都能被找到，我们不断被来自于各种渠道的信息轰炸，不时地被干扰，很容易走神，并且逐渐变得没有耐心，注意力很难集中。

事实上，在当今高速运转的世界中充斥着各种信息，职场人士注意力严重超负荷，心力交瘁，具体表现在：

1. 信息泛滥

研究数据显示，我们已经处于注意力严重超负荷的状态。以美国的职场人士为例，他们工作之余花费在处理信息上的时间共计 1.3 万亿小时，平均每人每天花费 12 个小时，职场人士每周收到 304 封电子邮件，每天查看 150 次手机，每周花在电子邮件上的时间高达 28 个小时，如图 1-3 所示。

图 1-3 现代职场人士的生活

2. 干扰频繁

当我们试图专注于某个重要的工作时，却经常受到来自外界的干扰，比如当我们正在为一个项目写工作计划时，手机突然响了，是领导询问另外一个项目的相关细节，刚放下手机，在电脑上敲了几个字，同事进来了，手上拿着一个刚收到的会议通知，问是否参加，处理完同事的事情，正准备埋头苦干时，微信提示音又响了，是一个客户在询问某个产品的相关信息……

数据显示，职场人士平均每 8 分钟就会受到一次干扰，这相当于在每天 8 小时的工作中会受到约 60 次干扰，一旦被干扰，他们需要平均 25 分钟才能把注意力集中到原先所做的事情上。另外一项研究也表明，职场人士一般每天会在"不重要的干扰和分心"上浪费 2.1 小时，干扰给商业活动造成巨大损失，一年可能高达 5880 亿美元，如图 1-4 所示。

每天被打扰60次——每隔8分钟一次

每次被打扰后需要25分钟才能集中到原来的事情上

在不重要的干扰和分心上每天浪费2.1小时

每年造成5880亿美元损失

图1-4　职场人士被干扰的频率惊人

3. 耐心有限

技术的发展、信息的泛滥、生活节奏的加快使人们期待加快事情的发展速度，比如，要阅读报纸和杂志时，在手机或者平板等移动终端上轻弹手指就能翻页，动一下手指就能在移动终端上找到自己所需要的信息。如果下载页面的速度不够快，查询信息的时间不够短，人们就会变得很不耐烦。

数据显示，人们浏览某个网页的时间平均仅为 56 秒，在 YouTube 上观看某个视频所花的时间仅为 3.95 秒，如今抖音的火爆正是迎合了这样的需求。

人们的耐心越来越有限，那么我们在沟通时如果不能在对方期待的短时间内说清自己想表达的重点，对方就有可能会听不进去。

在信息泛滥、干扰频繁、耐心有限的当今世界，要想单靠好的想法、好的观点或者预留时间而获得对方长时间的关注，已经变得越来越不可能。我们必须根据受众的情况对自己想表达的内容量身定做地进行精加工，尽可能地利用好自己所拥有的时间，在吸引受众注意力的同时，让其听得明白、记得清楚，这样才能获得他们的关注，给受众留下深刻的印象。因此，在这个注意力资源如此稀缺的社会中，保持结构化表达的习惯将会是你的优势所在。

1.4　结构化表达的魅力

案例：从受众的纽扣谈起

麦克有一个关于纽扣加工的创业项目，希望有人给他投资，他找到了多位投资者，向他们陈述自己的项目，然而每一次开始没有多久，对方的脸上就流露出不感兴趣的表情，每次都没有获得成功。

经过结构化表达的培训，麦克改变了自己的讲述方式，不再一开始就说"我有一个关于纽扣加工的项目"，而是改用"您衣袖上的纽扣很漂亮，但我有一个办法让您的纽扣变得独一无二，更突显您的身份"作为开场白。当对方好奇纽扣有什么特点时，他再一层层展开，说明自己的想法是为了给每个人制作独一无二的纽扣，这引起了听众极大的兴趣。

在这里，麦克运用结构化表达的技巧重新组织了演示的结构，将自己的创意与听众的利益挂钩，先引起听众的兴趣，再解释这个创意的具体实施步骤与效果，让项目的陈述易于理解，主要观点深入人心，从而成功说服了听众。

整体而言，当我们习惯运用结构化表达以后，会发现以下三点好处。

1. 有利于沟通双方清晰思考

结构化表达强调框架思维,如 SWOT、5W2H 等框架简单易用,便于理解和使用。在沟通过程中,基于框架思考和组织信息,有利于传递信息的人在清晰分类的基础上全面考虑问题,避免产生错漏。对于接收信息的一方而言,如果具有结构化思维和表达的习惯,在获取信息时,能够迅速抓住要点和思路,在纷繁芜杂的信息中根据自己的需要厘清中心和层次,提升分析问题的能力和决策力。

案例:用 5W2H 做一个完美的计划

安妮所在的公司有 4 个德国客人马上要来中国做访问考查,安妮必须为公司的这 4 位德国客人做一个接待方案,并做出成本预算,不能高出规定的水平。这 4 位德国客人周四中午 11 点到北京,周日下午 6 点半返回德国,在中国停留三天半。

那么接到这个任务以后,安妮要如何进行思考呢?方案应该包括哪些内容呢?

在这里,如果运用 5W2H 框架(图 1-5)分解问题的构成要素,要讨论的细节就是:

why——为什么要策划这个安排,目的是什么;

what——该策划的内容是什么;

when——客人到达航班和离开航班的具体时间;

where——准备让他们去哪些地方;

who——安排哪些人陪同,哪些人接待;

how——使用哪些交通工具到达要去的地方；

how much——预算是多少。

图 1－5　5W2H 框架

安妮如果紧扣 5W2H 来安排行程并撰写接待方案，会发现整个分析过程不但简单、清晰，也不会有遗漏，更不会偏离方向。

再比如，本章第一节"情境 2：出差前要准备什么？"案例中，如果当事人李力习惯使用 5W2H 框架的话，那么领导打电话来布置出差任务时，他完全可以有的放矢地进行提问，以便做出细致的出差准备。

2. 有利于清晰表达

在我们的工作中经常会碰到以下的情况：要向领导汇报工作，手上掌握了很多素材，不知道从哪里开始；领导交代了一个方向，让我们去写一篇报告，可是信息千头万绪，无从下笔……

如果这个时候运用结构化表达，根据情境和领导的意图，先总结出一个结论，也就是金字塔塔尖的核心观点 G，再去考虑论证核心观点所需要的支撑 A、B、C，随后考虑说明 A 所需要的论据 A1、A2、A3，逐一理清层次，然后组织信息，则可以出色地完成这些工作。

比如本章开篇的"情境1：安排聚会时间"案例中，贝蒂如果用结构化表达的技巧向上级汇报任务完成的情况，可以画出以下结构图（图1－6），如果上级比较忙，则只需要告知结论 G；如果上级想知道具体原因，则可以根据下图的信息做进一步汇报。

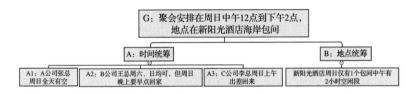

图1－6　汇报聚会安排的思路图

3. 有利于沟通双方清晰记忆

大脑皮层存储了大量信息，等到需要时，再从中调用相应的内容，越是熟悉和常用的，调用就越快，而如果有结构地进行记忆，即在寻找信息规律并对之进行分类的基础上进行记忆，则这些信息就会被大脑放在熟悉、常用的那些区域内，从而轻而易举地被记住。

比如，看到这样一组数字：13481632，现在要求我们在 20 秒内记下这组数字，并把它默写下来。如果缺乏结构化思维，采取强行记忆，这是很困难的，但是如果使用结构化思维，在认识这组数字时对之进行有序排列，就会发现这些数字之间的规律，即从第三个数字开始，均为前面数字的加和，比如第三个数字 4 是前面两个数字 1 + 3 的和，第四个数字是前面三个数字 1 + 3 + 4 的和，于是这组数字就能够很快被记住。

在向别人传递信息时，也要注意到沟通漏斗的存在。也就是说，如果所希望表达的信息是 100%，讲出的一般只有 80%，而且由于各种原因，对方听到的最多只能是 60%，能听懂的部分只有 40%，而到执行时就只剩下 20% 了，如图 1 - 7 所示。

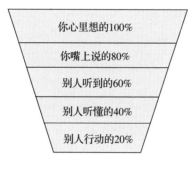

图 1 - 7　沟通漏斗

沟通漏斗的存在反映了沟通的巨大成本。如果要降低沟通漏斗中的损耗，最好的办法就是一方面使传递信息的人习惯用结构化表达，减少遗漏，与此同时，接收信息的人同样也要具备结构化思维，在接收信息时才不会遗漏，确保双方在同一个频道沟通，如图 1 - 8 所示。

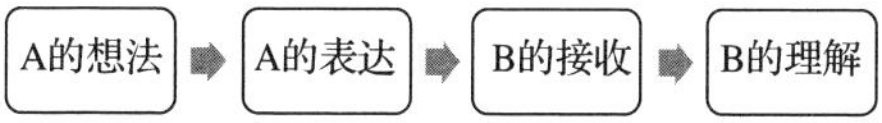

A的想法 ➡ A的表达 ➡ B的接收 ➡ B的理解

图 1 - 8　一对一沟通的关键步骤

　　事实上，在写作时，如果我们想使自己具有结构化思维和结构化表达的习惯，我们就要善于去提炼和总结主要观点，为论证这些观点提供论据，组织分析，而且应习惯用思维导图或者金字塔结构去展示文章或者报告的内容。

　　总之，善于使用结构化表达和不善于使用结构化表达，沟通效果具有较大差异，见表1-1。

表1-1　是否使用结构化表达的沟通效果差异

情境	用结构化表达	不用结构化表达
演讲	引起受众的兴趣，思路清晰，观点明确，让受众印象深刻	无法在短时间内将要表达的思想准确、高效地传递给受众
汇报	直奔主题，层次清晰	信息零散，相互矛盾，不得要领，浪费时间
谈话	目的明确，迅速抓住主要矛盾，高效解决问题	废话连篇，思路胡乱，经常跑题
写作	主题明确，结构严谨，层次清晰	找不到重点，大量文字和数字堆砌，结构混乱

　　具备结构化思维的习惯，掌握结构化表达的技巧，这是职场人士应有的基本能力。

本章思维导图

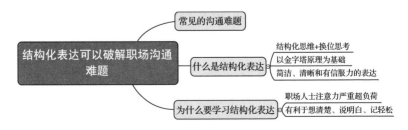

第 2 章

快速掌握
结构化表达

Chapter
Two

2.1 结构化表达的特点

根据芭芭拉·明托的《金字塔原理》和李忠秋的《结构思考力》，结构化思维的基本原则是：结论先行、以上统下、归类分组、逻辑递进，如图2－1所示。

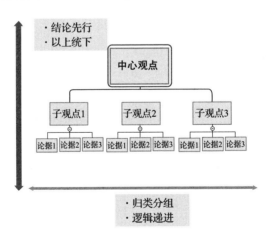

图2－1 结构化思维的基本原则

根据结构化思维的基本原则，结合沟通的基本要求，结构化表达的特点可以概括为：主题明确、逻辑推进、分类清楚、以上统下。

1. 主题明确

结构化思考强调结论先行，即用一句简单的话概括整个信息的全貌，要求凝练、清晰、易懂。这一点在思考时是必须强调的，但是表达时讲究换位思考，虽然在思考时必须高度概括结论，但是是否结论先行还是要根据沟通情境和沟通对象的情况进行斟酌。

如果碰到以下情况，适合结论先行。

（1）信息复杂

如前面所描述的那样，在信息泛滥的今天，我们很难集中注意力，特别是当需要沟通和分享的素材、模块和内容非常多，远远超过短时间内所能记住的范畴时，必须遵循结论先行的原则，把结论放在开头说，这样对方才更容易记住我们想要表达的主题，并理解后面所要表达的内容的目的。

案例：如何化繁为简，向领导做精简的汇报？

如果你是某个项目的负责人，在项目执行过程中出现了以下情况：

- 客户刚才又打电话催进度了，这次项目的时间紧、压力大，恐怕下个月完不成，要延期了。

- 老刘是项目组年龄最大的，和客户也比较熟悉，但是技术水平有限，也经常出一些小错误，你对他不放心。

- 小张是项目骨干，经验最多，但刚刚结婚，下周要休婚假，大约有 10 天。

- 你也问过了负责人力资源的工作人员，部门要招聘的人目前并没有合适的人选，即使招到了，在这个项目上也来不及安排了。
- 刚毕业的小李很努力，值得培养，但是项目经验还是不足。

针对以上这些信息，如何向领导汇报呢？

显然，你在向领导汇报时如果试图逐一把前面 5 个情况都说一遍，想必还没有说完就会被他直接打断："你到底想说什么？"因为如果你只是向领导汇报这些细节的话，出现的情况就是讲了半天仍然没有切入主题，领导的时间和注意力都是有限的，这时他会不耐烦，按照这种方式表达，不仅无法实现你的沟通目的，还会导致领导怀疑你的能力。

如果这个时候用结构化表达的话，首先应该说的是结果，即你的请求："为保证项目按时完成，能否再派一个成熟的设计人员来项目组？"然后再逐一向领导说明原因，沟通效果就大不一样了。

（2）时间紧迫

由于记忆和理解的时间有限，表达者没有充分的时间去说明，受众也没有充分的时间去记忆和思考，此时就需要结论先行，省去说明和思考的时间，比如众所周知的"电梯营销"案例。

案例："电梯营销"

假如你是麦肯锡公司咨询顾问，接到某装饰材料公司的一个任务，必须针对公司市场份额下降的现象找到原因并且给出对策。你工作了 6 个月，准备了一份报告，并且与公司 CEO 约定了一个 2 小时的会议做汇报。会议开始前 CEO 突然接到一个紧急电话，必须到律师处约谈一个紧急事情。在这种情况下，CEO 说何不一起下电梯谈谈你的想法呢（30 秒钟）。你将在这 30 秒钟内说什么呢？

2 个小时的汇报要浓缩到 30 秒钟，而且还要说到 CEO 心动，这样他才可能在百忙中再安排时间与你见面，这个难度是不是很大？

其实在我们的工作中也经常会碰到类似的情境，比如开年终总结大会，你本来准备了 1 个 30 分钟的发言，到了会场，总经理可能会突然告诉你，由于议程临时变更了，现在只给你 5 分钟发言时间。

在较短的时间中，"电梯营销"的效果主要还是应该以内容取胜，只有那些能够获得受众的注意力、为受众带来价值并且向受众传递良好意愿的表达内容才会打动对方。在这里，我们建议使用"开场抓手 + 观点 + 论据 + 呼吁行动"的框架，如图 2 - 2 所示。关于演讲框架，在第 6 章中会有更为详细和系统的介绍。

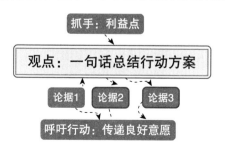

图 2 - 2　"电梯营销"案例中建议使用的框架

使用以上框架，用抓手和结论吸引 CEO 的注意，可以进行以下即兴演讲：

根据调查，我们认为这个方案可以让公司在 6 个月内市场份额上升 30%（抓手：CEO 最关心的事情），也就是需要将公司销售人员的组织由以前的按照区域划分改为按照产品划分（观点：一句话总结行动方案），具体情况我们后面详谈，祝您和律师约谈愉快（呼吁行动：不忘记安抚 CEO 可能的紧张情绪，传递自己的关心）。

"电梯营销"作为时间紧迫的极端情况，也是最经典的例子。在这个时候，无论是说明报告的内容，还是要引起对方兴趣，或是要激发对方思考，都要高度浓缩，并且把结论放在前面讲，否则就会浪费掉宝贵的时间，无法实现沟通目的。

（3）受众需要

沟通的本质是换位思考。无论通过口头还是书面方式，要想让对方理解我们表达的内容，就应该站在对方的角度去思考，根据对方的偏好、知识面和利益点组织信息，从而尽可能降低理解成本。

在绝大多数商务情境中，我们都追求高效和精准，因此对方更多地会希望我们先把结果说清楚，在有一个准确预期的情况下再慢慢介绍背景。即使我们还没有结论，是希望对方给个结论，那么这个希望也可以作为主题。

案例：如何说好第一句话

假如你在公司主要负责销售策略的制订。现在你发现竞争对手的同类产品价格下降了 2%，这导致了本公司市场占有率下降，而上一期公司的销售成本还上升了 1%，此时你的判断是必须尽快降低产品的价格。

在这种情况下，你开始向领导汇报：A 公司的同类产品价格下降了 2%，我们上一期销售成本上升了 1%，市场占有率也下降了。

如果仅仅只是这样表达，想必领导会非常困惑：你想说明什么？是希望降低价格？还是要调查一下销售成本升高的原因？或者只是汇报现状？

按照结论先行原则，此时你在汇报前要先想好你汇报的结果或者目标是什么。陈述具体细节之前，先告诉领导你的结论是什么，然后再陈述理由，如果按照以下的方式来进行表述，效果就大不一样了（图 2-3）。

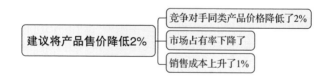

图 2-3　汇报内容的组织

虽然大多数情况下是结论先行，但是在以下情境中则适合把结论放在后面：一个是传递负面信息时，另一个是当受众对直接提出的结论可能呈反对态度时。因为沟通强调良好氛围的营造，如果一开始就传递这些令人不快的信息，很有可能一开口就使受众产生负面情绪，在态度上产生抵触，从而不能实现预期的沟通目标。"扁鹊见蔡桓公"的故事从沟通的角度理解，就是传递负面信息的一个经典案例。

案例：扁鹊见蔡桓公

扁鹊乃一代名医。他有一次觐见蔡桓公，在蔡桓公面前站了一会儿，扁鹊说："您在肌肤纹理间有些小病，不医治恐怕会加重。"蔡桓公说："我没有病。"扁鹊离开后，蔡桓公说："医生喜欢给没病的人治病，以此来显示自己的本领。"

过了十天，扁鹊再次觐见蔡桓公，说："您的病在肌肉里，不及时医治将会更加严重。"蔡桓公不理睬。扁鹊离开后，蔡桓公不高兴了。

又过了十天，扁鹊再一次觐见蔡桓公，说："您的病在肠胃里了，不及时治疗将会更加严重。"蔡桓公又没有理睬。扁鹊离开后，蔡桓公又不高兴了。

又过了十天，扁鹊远远地看见蔡桓公，掉头就跑。蔡桓公于是特意派人问他这是为什么。扁鹊说："病在皮肤纹理之间，（是）汤熨（的力量）所能达到的；（病）在肌肉和皮肤里面，用针灸可以治好；（病）在肠胃里，用火剂汤可以治好；（病）在骨髓里，（那是）司命神管辖的事情了，医生是没有办法医治的。现在病在骨髓里面，我因此不再请求为他治病了。"

过了五天，蔡桓公身体疼痛，派人寻找扁鹊，扁鹊已经逃到秦国了。蔡桓公于是病死了。

从沟通的角度来看这个故事，我们会发现尽管扁鹊医术高明，尽管扁鹊很早就预见了蔡桓公的病情，但是仍然没有能够救治蔡桓公，主要的原因是扁鹊未能赢得蔡桓公的信任，医病先医心，如果没有获得患者的信任，则无论医生的判断有多么准确，也无法获得病人的支持与配合，于是最终无法落实自己的医疗方案。

那么蔡桓公为什么不相信扁鹊呢？因为扁鹊只顾专注于治病救人，却没有注意自己的沟通方式，在传递信息时出现了以下问题：

第一，没有营造和谐的沟通气氛。扁鹊虽然是名医，但是与蔡桓公还是具有相当大的地位差距，因此初来乍到，首要任务应该是通过合适的寒暄获得对方的好感，在愉快的沟通气氛中再告知自己的判断。

第二，没有取得必要的可信度。蔡桓公虽然知道扁鹊的名医身份，但是耳听为虚、眼见为实，因此扁鹊在宣布自己的重要发现前，应该先获得蔡桓公的信任，比如可以先描述蔡桓公所患之疾可能有的一些前期症状，得到蔡桓公的确认后再对其病情娓娓道来，那这个时候可能会引起蔡桓公的重视。

第三，没有用合适的方式传递负面信息。负面信息的传递是让人不快的，所以过于直接而迅速的负面信息的传递是不妥的，应该通过合适的铺垫和试探，寻找合适的时机、用恰当的语气传递负面信息。

综上所述，尽管神医扁鹊医术高超，但是却不善于换位思考，不善于传递负面消息，所以最终未能救治蔡桓公。

根据以上分析，如果使用图 2-4 的框架来进行表达，我们就可以改写《扁鹊见蔡桓公》的故事了。

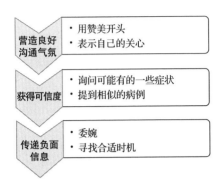

图 2-4 《扁鹊见蔡桓公》的表达框架

2．逻辑推进

按照逻辑顺序组织信息，通常用演绎法或者归纳法。组织信息的顺序可以是按照时间、空间、重要性等。

在结构化表达中，信息以横向或者纵向的结构关联，其中在横向结构中，逻辑顺序通常是演绎推理或者归纳推理。

（1）演绎推理——由一般到特殊

演绎推理包括两种形式。

第一种是三段论形式，即由一个大前提和一个小前提推导出一个结论的论述形式，如图 2-5 所示。

图 2-5 演绎推理三段论形式举例

第二种是按照 what-why-how 的框架组织信息，即包括：

- 出现的问题或存在的现象；

- 产生问题的原因；

- 解决问题的方案。

比如为了说明公司必须优化营销队伍的管理，所写作的商务报告可以按照以下框架组织结构，如图 2-6 所示。

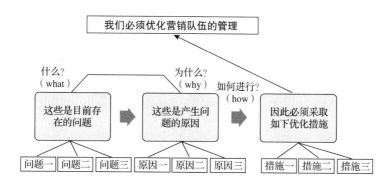

图 2-6 what-why-how 的框架举例

（2）归纳推理——由特殊到一般

不同于演绎推理强调逻辑推导关系，归纳推理是将上层的中心思想拆分为并列的多个论点或论据，如多个例子、多个原因或多种对策等。

归纳推理要求从许多个别的事物中概括出一般性概念、原则或结论，根据研究者的结论，大脑的短期记忆无法一次容纳 7 个以上的记忆项目，有的人一次可能记住 9 个，而有的人只能记住

5个，比较容易记住的是 3 个。根据人们的记忆习惯，结构化表达要求通过提升分类能力将信息进行分类。

通常来说，归纳推理的分类结构通常包括时间顺序、结构顺序和重要性顺序，如图 2-7 所示。

图 2-7　归纳推理的分类结构

1）时间顺序

按照时间顺序组织信息可以说是最为常见也最为简单的逻辑结构，适用于介绍公司历史和个人经历、向领导汇报某段时间工作等情形。

时间逻辑的提示词可以用年份、月度、周报、上午、下午、过去、现在、未来这样的标志性词语，也可以用一些隐形的时间逻辑词，比如将某项工作分为启动阶段、调研阶段、中期报告阶段、总结汇报阶段，将某个计划的实施过程分为定义、测量、分析、修改和控制阶段（六西格玛的经典流程），用这些隐形的逻辑建立清晰的表达思路传递信息。

按照以上隐形的逻辑传递信息，书面表达可以用甘特图来显示进程，如图 2-8 所示。

图 2 - 8　某公司项目进展计划的甘特图

2）结构顺序

结构顺序是将一个整体划分为不同的部分，这个整体既可以是事物也可以是概念，可以从外到内、从上到下、从整体到局部加以介绍，这种表达顺序有利于说明事物各方面的特征，比如以下三种。

031

①具体实物的构成：头、颈、躯干、四肢（人的构成）；标题、摘要、目录、正文、参考文献（论文的构成）；天花板、墙壁、地板（房间的构成）；财务部、人事部、销售部、生产部（公司的构成）；父亲、母亲、孩子（家庭的构成）等。

②地理位置的构成：华中、华东、华北、华西、华南（地理位置的构成）；芙蓉区、天心区、岳麓区、开福区、雨花区、望城区（长沙市城区的构成）等。

③抽象概念的构成：春、夏、秋、冬（一年四季的构成）；工作、学习、生活（个人情况的构成）；价值观、信念、仪式、符号、处事方式（企业文化的构成）等。

3）重要性顺序

重要性顺序是指在找到一类事物的共性特点的基础上，按照共性特点体现的强弱组织论点的顺序。按照这种顺序组织信息，首先要求将特性相同的事物归类在一起，其次是按照重要程度进行排序。

在确定重要性顺序时，在归纳论点背后逻辑关系的同时，也应兼顾受众的偏好，比如当你向领导汇报项目后期的工作要点时，如果领导更为关注项目的成本控制，则可以将最有助于控制成本的工作要点放在前面，与成本控制关系相对较小的放在后面；但如果发现领导更关注项目质量，则可以把与项目质量关系最为紧密的对策放在前面。

另外，也可以使用诸如 4P、3C 等固定的框架进行归纳分类，本书后面会介绍一些常用的框架。

3. 分类清楚

分类清楚的基本要求是按照 MECE 的原则进行，即相互独立（mutually exclusive）、完全穷尽（collectively exhaustive），这里体现了思考和表达的严谨性。

相互独立要求分类是在同一标准（或维度）上，经过分类后的各部分之间明确区分，呈并列关系，不可重叠；完全穷尽意味着所有部分合起来都已经将相关问题考虑在内，全面、周密且没有遗漏，如图 2-9 所示。

如何运用 MECE 原则？下面我们通过一个无领导小组讨论中的要素排序类题目来说明。

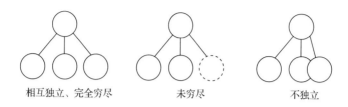

相互独立、完全穷尽　　　　未穷尽　　　　　不独立

图 2 - 9　MECE 示意图

案例：用 MECE 进行要素排序

做一个成功的领导者，可能取决于很多的因素，比如：

①善于鼓舞人心；②处事公正；③办事能力强；④独立有主见；⑤善于化解人际冲突；⑥能充分发挥下属优势；⑦言谈举止有风度；⑧有亲和力；⑨善于沟通；⑩能通观全局；⑪能坚持原则又不失灵活性；⑫有明确的目标；⑬有威严感；⑭熟悉业务知识；⑮有决断力。

请小组在讨论以后，分别从上面所列的因素中选出一个你们组认为最重要和最不重要的因素，并说明原因。

现在运用结构化思维的基本工具思维导图，遵循 MECE 原则可以对 15 个领导特质进行以下分类：

图 2 - 10　领导特质分类

按照 MECE 分类，画出上述思维导图，15 项变成了 5 项，问题变得相对简单了，这个时候可以根据自己对于领导工作主要职

责的理解进行排序。如果运用 MECE 标准衡量这 15 个项目中的关系，可以发现有些项目之间是有重合的，比如"⑨善于沟通"就包括了"⑦言谈举止有风度"，那么在讨论时指出这样的问题自然会获得其他人的认可，也可能因为清晰的逻辑表达能力让 HR 青睐有加。

4. 以上统下

在整个层级结构中，上面一层是对下面一层的概括和总结，下面一层要支撑上面一层的观点。

上下对应包括"针对"和"相应"两种类别，其中"针对"多属于因果关系，"相应"多属于从属关系。因此，也可以把上下对应简单地理解为上一层级和直接的下一层级之间有着直接的因果关系或从属关系。

从结论先行的角度而言，通常上一层级是果，下一层级是因，下一层级从属于上一层级。

上下对应也是表达逻辑的体现，下层事实和理由如果能对应地支持上层观点，则受众更容易接纳观点。

举例：如何论证核心论点

通过数月的研究，我们对 W 市的 A 传统商业街区进行深入、系统而全面的分析以后，认为该商业街区虽然目前处于市场地位逐渐下滑的状态中，但是无论从宏观环境和区位优势而言，该商业街区存在非常大的复兴可能性。为了论证这个观点，在调研报告中提出了以下分论点：

- 中央在政策方面给予了大力支持；
- W 市高质量发展提供了历史机遇；
- 全球价值链转移与新技术带来的机遇；
- 特殊的滨江滨水区位更适合进行科技和高端商贸的融合；
- 周边产业发展对 A 街区的复兴形成了"溢出效应"。

这几个分论点就分别从宏观环境、区位优势等方面论证了 A 街区存在较大复兴可能性的核心观点。

2.2　用好结构化表达就这几招

结构化表达既然这么管用，那应该如何做才可以实现结构化表达的基本要求呢？下面我们依次来看几个招式。

1. 界定问题

（1）第一招：正确定义问题，减少无效努力

案例：如果不明白问题，可能会离题千里

假如你在一家制造类企业工作，你们公司生产 N 种产品，现在公司想降低 A 产品的成本，以此增加毛利润，你将组织你们的市场研究团队就此问题进行讨论，并拿出方案。

那么在讨论过程中可能有人这样陈述：

"我认为随着智能制造技术的普及，可以采取引进信息技术将流水线进行自动化生产的改造，具体而言，可从以下渠道入手：第一……"

限于篇幅限制，在此笔者省略了讨论内容，那么读者看到这样的陈述，感觉如何？有没有发现跑题了？

为什么这样说呢？因为讨论的问题是在降低成本的基础上增加毛利润，而与毛利润相关的成本包括原材料成本、生产工人的成本等直接成本，至于引进信息技术改造流水线的措施是不会影响到直接成本的。

很多时候总有人分析得头头是道却不得要领，甚至离题千里，就是因为审题不清，没有找准问题，命中靶心，因此定义清楚问题是进行清晰表达的关键第一步。

那么，该如何清晰定义问题呢？

很多问题看似宽泛，其实运用结构化思维，必要时画出思维导图是可以把问题的边界设定清楚的，在设定好问题边界以后也就明确了思考问题的方向。以前面的那个案例为例，可以通过图 2－11 所示的思维导图对问题进行清晰界定。

图 2－11 界定问题的思维导图

根据图 2－11，对于这个问题，把握正确的思考方向，应注意到：首先，这是一个关于缩减成本的问题，关于增加收入、提

高定价、市场营销等方面的建议都不应该在考虑范围之内。第
二，将注意力放在 A 产品上，其他产品不在考虑范围之内。第
三，注意这里的目标是增加毛利润，因此要关注的是与毛利润相
关的因素，因此诸如管理费用、财务费用等都不在考虑范畴之
内，要关注的是原材料成本。

如果有了上面的思维导图作为提示，一方面可以使自己的分
析不偏离方向，另一方面当其他成员出现偏离时也可以及时提示
对方，以保证讨论的方向正确。

实际上在条件允许的情况下，为了使问题更为清晰，明确为
解决问题而需要努力的方向，我们还应该在进一步思考的前提下
把一些非量化、模糊化的问题转化为可量化和可例证的具体
问题。

比如上面的案例，这个时候如果想更加清楚地界定问题，还
应该了解的是增加毛利润的目标是多少？需要在多长的时间内达
到目标？

（2）第二招：明确问题的构成要素

在准确地描述问题以后，我们可以对问题进一步分解，明确
问题的构成要素。

比如上面的案例所涉及的问题，在界定问题以后，问题的构
成要素包括：第一，降低原材料的途径；第二，降低直接劳动力
成本的途径。

上述问题的构成要素相对简单，有的问题可能比较复杂，对
于构成要素相对复杂的问题可以用框架进行分析。

（3）第三招：探究问题的本质

为了保证朝正确的方向解决问题，我们不仅要问"是什么"，还要问"为什么"，也就是对方问这个问题的原因是什么，为什么会有这个问题的出现。

1）问这个问题的原因是什么

如果你是一名咨询顾问，现在你的客户给你提了一个需求：为本公司增加 1000 万元的利润给出一个最佳方案。接到这个任务，你将如何着手工作呢？

如果这个时候你优先考虑的是如何回答这个问题，那么你可能想到了：开发某款新产品、进入某个新市场、降低制造成本、解雇部分员工、提高价格……

但是这里需要强调的是在思考任何可能回答这个问题的方案前，还漏掉了一个至关重要的环节：为什么对方需要解决这个问题。

当我们意识到这个问题去追问对方时，可能会发现不同的答案。比如对方可能告诉你"由于今年还有 3 个月就要结束了，我们还差 1000 万元的利润才能完成去年年底的计划，所以我们需要一个解决方案"，那么这个时候诸如开发新产品、解雇部分员工等方案恐怕不太现实了，因为这都需要时间，而 3 个月增加 1000 万元利润需要的是能够产生短平快效果的方案，比如适当促销、改变价格策略等，可能才能真正解决问题。

试想如果我们没有执行这个步骤，只是自顾自地开始分析，工作了 2 周后把开发新产品的方案拿到客户的桌面，那客户会有什么反应？客户肯定会发飙，对于把时间浪费在这种无意义的分析上的行为会非常不满，而这个时候我们可能还很委屈：你当时没有说清楚要求啊。实际上，此时主要的问题在我们这边，因为我们没有多问一个问题：对方为什么会有这个需求？

再回到那个"我们应该如何降低 A 产品的成本，以增加毛利润"的问题，在接到这个任务时，我们必须首先清楚上司为什么会问这个问题？是因为 A 产品的毛利润下滑了？还是因为看好 A 产品的市场前景，需要重点发展？提问的目的不同时，我们分析的重点肯定会有所不同。

2）为什么会有这个问题

在问"为什么"时，不仅要了解问这个问题的人出于什么原因，有的时候还要分析在问题的表象下真实的原因是什么，也就是为什么会产生这个问题？问题的根源是什么？很多情况下，提问的人也未必能知道为什么会有这个问题，那就需要我们进一步思考了。

这个时候建议用 5WHY 分析法。

5WHY 分析法又称为"五问法"，即为了探究问题的根本成因，对一个问题点连续刨根问底。5 只是一个概数，并不是一定是 5 次，根据需要确定次数，可以少于或者多于 5 次，直到能找到根本原因。

5WHY 分析法的目的在于找到问题产生的根源，因此在分析时应该保持空杯心态，尽可能避免先入为主的假设和逻辑陷阱，从结果入手，按照因果关系的逻辑顺藤摸瓜，找到问题的根本原因。

还是以"我们应该如何降低 A 产品的成本,以此增加毛利润"的问题为例,先分析上司提出这个问题的原因是:因为 A 产品的毛利润出现了持续下降,上司想让你从成本角度分析对策,按照 5WHY 分析法可以画出下图。

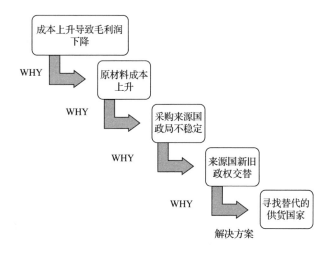

图 2-12 5WHY 分析法应用举例

通过 5WHY 找出了问题的根本原因,那么后面再从根本上寻找解决问题的对策就变得很简单了。

2. 确定主题

在传递信息之前,有一个问题必须明确:你是否非常清楚你的表达目标是什么?当然这基于你对沟通情境与对象的分析。

(1) 第一步:确定情境

确定表达的情境,即思考地点、时间、你的角色、对方的偏好、你与对方的关系等，对具体情境进行详细分析，分析得越详细越能够帮助你找准表达的目标，确定表达的内容、结构和方式。

比如你有一个校园创业项目，当你面对潜在投资者、创业导师和参加校级创业大赛时，陈述的目标和重点是不一样的。面向潜在投资者，你的目标是希望引起他们对于你的创业设想的认可并愿意投资，所以你的陈述重点应该是与同类项目相比较，你的项目亮点在哪里，未来的前景如何，为什么值得投资。面向创业导师，你的目标是希望他们能对项目进行评价，并提出改进和实施的建议，因此你的陈述重点应该是项目可能存在的风险和不足之处，以及你所需要的帮助。参加校级创业大赛，你的目标是吸引评委的兴趣，说服评委让他们觉得你的项目具有非常好的创新性，你已经做好了充分的准备，为此你的陈述重点应该是该创业项目的愿景、亮点和你们在技术、市场等方面所做好的充分准备。

041

（2）第二步：确定信息计划

表达效果按照从低到高包括以下四个层次。

意识——通过你的表达，希望帮助对方意识到什么是他之前没有关注到的主题和内容。

了解——不仅让对方意识到，更要让对方了解、熟悉你期望他明确的主题与内容。

相信——让对方完全相信并认同你所说的内容。

行动——在对方接收和认同的同时，愿意按照你的想法去行动。

据此制订信息计划，信息计划的内容见表 2 - 1。

表 2 - 1　信息计划的内容

目标	在表达以后，你希望达到的结果和状态是什么
未说明的（隐藏点）	你的表达内容中不会直接说明的，属于隐藏在里面的要点是什么
假设	你的表达基于哪些前提和假设
预期的效果	当你表达结束的时候，听众会做些什么？会决定什么？会采取什么行动
信息要点	你需要重点提供的信息和资讯是什么？要点是什么

（3）第三步：表述目标

根据信息计划的内容，进行目标的表述，目标表述包括行动性主张和描述性主张。

1）行动性主张

通常用行动性语句，告诉受众要做什么事情，并且应说明采取行动后可能取得何种成果，达到何种效果，或者实现什么样的目标。

为了充分引起受众的注意，让受众在乎这个主张，借鉴"电梯营销"的做法，可以按照"我们要执行什么"加上"为什么我们要执行"的句式提出主张，也就是"要做什么" + "这样做的好处"。

● 关于"要做什么"

行动方案要具体化，不要泛泛而谈、过于空洞，比如"电梯营销"的案例中，在谈到要做什么时，如果只是说：

"我们认为如果公司销售队伍管理的组织结构进行优化，公司的市场份额便可在 6 个月内增长 10%。"

这样的说法就过于笼统，并不能吸引客户，在这里直接改为：

"我们认为公司销售队伍如果由按照区域划分改为按照产品划分，公司的市场份额便可在 6 个月内增长 10%。"

这种说法具体而准确，受众就更能理解你的建议。

- 关于"这样做的好处"

在这里需要注意的是不同的沟通对象所关注的利益点是不一样的，比如销售总监可能最关心的是销售额的增长情况，市场总监则会更多注意到市场份额的情况，而财务总监会比较看重利润的增长情况。因此，当我们向这些受众传递我们的行动方案时，在阐述好处的同时要根据受众不同的利益点去进行有针对性的说明。

当受众的利益点比较多时，可以放进去更多的利益点，但是不要超过 3 点，因为太多利益点会冲淡你的核心观点，而且让人感到迷惑。

在排序时也要注意判断谁是决策者，要将核心决策者的利益点放到最前面，或者将几个重要受众共同关注的点优先放到前面。比如，如果我的观点是我们应该开拓华东市场，在陈述利益时，如果受众是公司的财务总监、运营总监和几个都很关注资金问题的管理者，则核心建议是：

"我们应该开拓华东市场，因为这样在 3 年内可以为我们增加 1000 万元的销售额，增加 10% 的市场份额。"

而如果主要决策人是负责信息系统的信息部主管，那么我们的核心建议可以改为：

"我们应该开拓华东市场，因为这样可以将现有信息系统的有效利用率由 70% 提升到 80%，同时在 3 年内增加 1000 万元的销售额。"

最重要的、受众最为关注的利益点放在前面，这样才能引起他们对我们所传递的观点的兴趣。

2）描述性主张

描述性主张主要用于说明在现有背景或形势下，这些思想所具有的共同点的含义。

在这里最主要的是避免缺乏思想的句子，比如你想告诉受众导致公司利润下降的原因有 3 个方面，如果这样来进行概括，可能会让受众感觉枯燥乏味，在此我们需要进一步提炼、概括和总结，运用演绎或者归纳延续思路，找出可以概括思想的语句。

演绎法举例

用演绎法写出有思想的句子，具体思路可以按照 CABC 的框架进行推演和整理，见表 2-2。

表 2-2　CABC 框架

C：条件（condition）	在何种情境下，这里体现了该陈述的假设前提
A：受众（audience）	该观点是向谁表述，建议谁接受该观点
B：行为（behavior）	建议完成何种任务或者从事何种行为
C：结果（consequence）	获得的预期成果是什么

比如说，面向即将毕业找工作的大学生培训结构化表达，培训目标可以定为：在听完讲授和完成实训后（C），毕业生（A）能够熟练地将结构化表达应用于简历撰写、群面和结构化面试中（B），顺利获得 offer（C）。

面向销售人员培训结构化表达，培训目标可以是：在参加完 2 天的培训和实训后（C），销售人员（A）将掌握将结构化表达应用于售前、售中和售后各个阶段的技巧，在提升表达技能的同时让客户更清楚地了解公司的产品（B），从而提高签单率（C）。

归纳法举例

比如说，通过研究发现公司的利润下降主要存在 3 个问题，经过提炼概括后发现其实都是成本控制方面的问题，则可以将描述性主张概括为：公司利润下降的主要原因集中在成本控制方面，然后再分述之，这样的陈述就比前面的更加明确和清晰。

3. 构建框架

根据主题，选用合适的框架组织信息是结构化表达中至关重要的一个环节，选用框架的来源有两种途径：自建框架和使用现成的框架。使用现成的框架好处在于可以迅速组织想要表达的信息，多快好省地完成规定的任务，而且对于受众而言，由于选用的是成熟的框架，他们也会由于熟悉这个框架而更加容易理解与记忆所传递的信息。使用已有框架的局限性在于当我们所面临的沟通情境比较复杂时，可能没有成熟的框架能够解决现有问题。因此，我们既要掌握一些成熟的框架，同时也要学会构建框架。

后面的章节会有一些常见框架的呈现，这里主要介绍自下而上和自上而下两种构建框架的方法。

（1）自下而上构建框架

当你对于某个问题只是大概有些想法，但是还比较零散时，这个时候可以采用自下而上的方式构建框架。

案例：如何拟定方案提纲

假如你受 A 区商务局委托，让你就发展该区的商业经济提出建议，你根据已有的调研成果和掌握的数据，下面准备拟一个方案的大致提纲。

步骤一：罗列要点，列出你能想到的所有观点

基于调研和掌握的数据，可以先在纸张的中央画一个圆圈，里面填入需要解决的问题，当然这个时候也可以用思维导图的软件在电脑上直接操作。

然后围绕中间的目标，在圆圈周围写上所有你认为可以采取的对策，尽量将你认为是同一类的对策放到同一个区域，如果你认为点子之间有层级关系，也可以用线条把它们连接起来。

这是一个发散思维的过程，天马行空，想到什么就写什么，不需要给自己加上任何束缚。

在这个案例中，我们经过第一步的发散性思维后形成了如图 2-13 所示的思路。

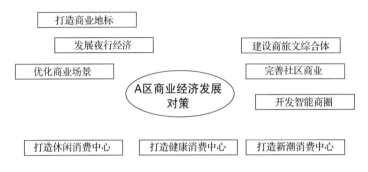

图 2-13　发散性思维后形成的初步想法

步骤二：连线归类，将观点进行收敛归类

第一步是一个分散的过程，而第二步是在分散的基础上进行收敛，主要的作用在于将发散的要点根据一定的逻辑关系进行归类，并在此过程中修正和补充第一步的思考结果。

比如，图 2-13 经过第二步会形成了如图 2-14 所示分类。

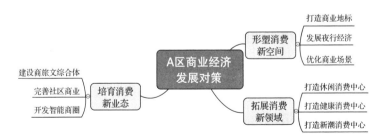

图 2-14　经过分类后的框架

步骤三：构建框架

这里构建框架的目的在于考虑是否可以再套用二维矩阵、价值链、4P 等其他经典框架将分类后的框架进一步整理和图示，或者能否用简单的词组将框架进行概括，比如这个案例中我们可以用"三新"（新空间、新业态、新领域）对所提出的对策体系进行高度概括。

步骤四：用 MECE 原则检查框架

最后一步，我们用 MECE 原则检查按照自下而上提炼的框架是否合适，重点检查每个层次的分类是否有遗漏，相互之间是否有重叠。如果发现有不符合 MECE 原则的，则需要及时调整。

上述方法在实践中主要的问题是：

第一，要点质量不能保证。受到经验、认识水平或者能力的局限，罗列的要点不一定是有效的对策，有的甚至可能是错误的对策。

第二，构建完整的框架有一定的难度。合格的框架不仅要求符合一定的逻辑顺序，还需要满足 MECE 原则，这对于表达者提出了比较高的要求，需要通过反复练习才可以轻松实现。

第三，费时较长。从下到上构建框架需要先罗列要点，在归纳和演绎的基础上构建框架，这往往会花费较长的时间，如果是在需要快速反应的场合，使用这种方法完全无法满足需求。

下面即将介绍的自上而下的方法可以克服以上缺陷，但是要求必须有合适的框架可以选用，而且使用者要熟悉这个框架。

(2) 自上而下选用框架

案例：如何提升公司市场占有率

假如你参加某个食品制造企业的面试，应聘的岗位为市场分析师，HR 的问题是：由于市场竞争日趋激烈，公司在本地市场的市场占有率已经由原来的 15% 降低到了现在的 12%，你将采取什么措施提升公司的市场占有率？

在这种准备时间有限、信息也比较有限的情况下，你将如何迅速组织思路，有效地回答问题呢？

如果说因为对企业不了解，需要进一步调研才能给出建议，那恐怕结果就是直接出局。而如果想到什么就说什么，直接给出几个措施，那还是没有反映出自己分析问题的能力、逻辑表达的能力。这个时候最好的方式就是迅速选用框架，套用框架组织信息。

步骤一：选用框架

学会结构化表达的前提是尽可能掌握更多的框架，包括普遍使用的框架和在自己专业领域中常用的框架，普遍使用的框架将在本书的后面进行介绍，这里先不赘述。如果想成为某个领域的专家，必须熟练掌握专业领域的主要框架，并且熟悉这些框架适用于何种情形、存在的优劣势、使用的主要边界和范围。只有积累和掌握了本专业的主要框架并能熟练应用，方能成为该领域的专家。

因为应聘的是营销方面的工作，那么这里可以考虑选用经典的 4P、4C 或者 4R 框架。

如果常用的框架和专业范围内的框架都不适合，可以根据常用的顺序构建框架，这些顺序包括前文所分析的时间顺序、结构顺序、重要性顺序和演绎逻辑顺序。

步骤二：分解问题

选择合适的框架后，第二步就是根据框架逐级分解问题，比如产品方面，可以先看看产品的款式、功能定位、品牌优势等。对于每个二级的维度，可以再进一步细分，比如产品款式方面，可以考虑产品包装是否符合产品定位，是否符合消费者偏好，与竞争对手比较是否特色鲜明……

图 2-15 列出了按照 4P 框架逐级分解后得出的陈述框架。

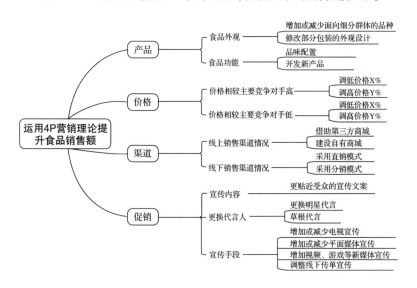

图 2-15　应用 4P 框架得出的陈述框架

步骤三：检查框架

这里和前面自下而上框架一样，还是要采用 MECE 原则标准检查同一层次的各个项目是否相互独立、是否完全穷尽。

4．清晰表达

（1）可视化

案例：如何表述可以使信息一目了然

假设我们现在向我们的投资方汇报 2013 - 2018 年公司销售额的增长情况，我们的汇报内容如下：

A 公司 2013 - 2018 年销售额整体呈现稳步增长的态势，这 6 年的年销售额增长率分别为 13.0%、13.6%、12.4%、10.5%、11.2% 和 10.7%，而行业平均水平为 13.0%、12.7%、11.6%、10.0%、10.4% 和 10.5%，整体而言，A 公司的销售额增长率高于行业平均水平。

如果是这样进行汇报，在听到这些枯燥的数字后，受众可能会不知所云，并不能直观感受到公司销售情况这几年的良好发展态势，但是如果这个时候画出下面的图形来（如图 2 - 16 所示），沟通效果就大不一样了。

1）为什么图表能够更加清晰地传递信息

人的大脑分为左脑和右脑，左脑掌管逻辑思维，右脑掌管形象思维。纯文字信息，只会激发人们的逻辑思维部分，如果再加上图形的形象化表达，则形象思维也可以被激发出来。

人的大脑更容易记住形象化的内容，比如当我们回想一部精彩的电影时，浮现在脑海中的往往是电影中一幕幕的场景，而不是文字；当我们试图回忆某个东西放到哪里时，在脑海中回放的也是情景而不会是文字。人类大脑的特点决定了图表化的展示更有利于大脑对信息的接受。

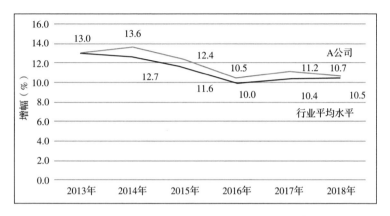

图 2 - 16　A 公司 2013 - 2018 年销售额增长情况

具体而言，图表化的优势在于：

第一，图表所能够传递的信息量更大，俗话说"好的图表抵1000 个字"。

第二，图表传递信息的速度更快、更直观。比如朋友向你分享她买了一件很漂亮的衣服，如果仅用语言，她就需要向你描述衣服的款式、颜色、她穿在身上的效果，无论她的描述如何绘声绘色、眉飞色舞，都不如她直接穿给你看，或者向你展示她穿这件衣服的照片，只需要一张照片或者场景，整个信息传递就一步到位，胜过千言万语。

第三，图表传递的信息更具有整体性。逻辑思维看到的是一棵一棵的树，形象思维看到的是一片一片的森林，多用图表化展示，就不会"只见树木，不见森林"。比如，问路时，如果对方说往左拐弯走 200 米，到第二个路口再往左拐走 400 米，目的地在马路的右边。尽管对方说得很清楚，但是我们听后还是会比较困惑，如果这个时候对方拿出地图，在地图上直接比划，这个时候我们会迅速了解全局，该怎么走就会了然于心。

2）如何使用图表

● 第一步：构建表达内容的框架

可供选择的图表非常多，诸如示意图、统计图表、地图、界面图和历法图都是常用的类型，每种类型的图表中又有多种选择，比如示意图就包括了关联图、流程图和系统图等。因此，在选择图表之前，首先要基于内容构建框架。

● 第二步：选择图表化结构

根据选择的框架选取对应的图表化结构。根据时间顺序，如图 2 – 17 和图 2 – 18 所示。

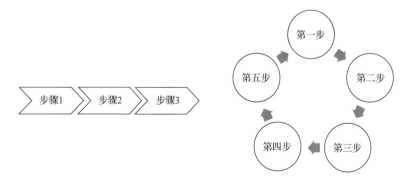

图 2 – 17　时间顺序图表结构（单向）　图 2 – 18　时间顺序图表结构（循环）

根据结构顺序,如图 2-19 ~ 图 2-22 所示。

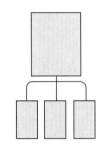

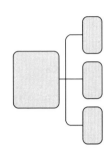

图 2-19　结构顺序图表结构　　图 2-20　结构顺序图表结构
（纵向树形）　　　　　　　　（横向树形）

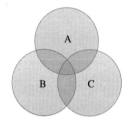

图 2-21　结构顺序图表结构（交叉）　图 2-22　结构顺序图表结构（并列）

● 第三步：填充元素

这一步是将各元素填到图形中,也就是有了框架就好像有了房子,而填充元素则是一个添砖加瓦的过程。

案例：用图示展示研究方案

我们承担了一个关于某省制造业和服务业深度融合的研究项目,根据项目组讨论的情况,我们制订了研究方案,在向委托方展示我们的研究方案时,采用了图示的方式,如图 2-23 所示。

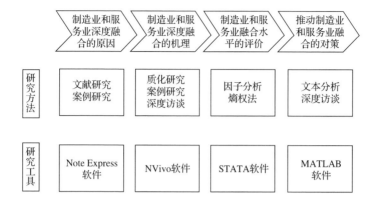

图 2 - 23　制造业和服务业深度融合的方案

上图在一个界面上简单明了地展示了项目的研究方案，使人一目了然。

（2）形象化

受到教育、个人经历、成长环境等多因素的影响，不同的受众有自己的理解习惯和理解能力。如果我们不重视这一事实，仅仅是自以为是地认为既然自己所传递的信息是有价值的，受众就应该理所当然地接受，这个时候便会产生"理解鸿沟"，即"秀才遇着兵，有理说不清"。

通过形象化降低理解成本则是消除"理解鸿沟"的最佳途径。那些脍炙人口的经典文学作品，之所以能够经久不衰，一直为人们所称道，其中理解成本几乎为零是一个关键原因。比如，大家都津津乐道的《西游记》，其实里面的唐僧并非历史上的真实唐僧，但是在大多数人心目中唐僧的形象大都来自《西游记》，而鲜有人知道《大唐西域记》中对于唐僧这一历史人物的真实记

055

录。再如，更多人对于三国时期历史人物的印象大都来自于《三国演义》这部小说，而较少的人会去主动阅读作为史实的《三国志》。即使《西游记》《三国演义》中的情节和人物形象均为虚构，但是由于符合人们的理解习惯，理解成本几乎为零，故而这些小说所传递的信息已经深入人心，相关故事也广为流传。

具体而言，形象化的途径包括：讲故事、用道具和打比方。

1）讲故事

众所周知，精彩的演讲一定离不开讲故事，而且当观众分神或者昏昏欲睡时，最好的拉回他们注意力的方法也是讲故事。人们从小就喜欢听故事，故事是个奇妙的东西，无论面临怎样的场景，它都有着与众不同的穿透力。一个看似平凡的故事所产生的影响往往远超我们的想象，故事蕴含着强大的力量。

抽象的道理通过故事具象为事件之后，观点往往更容易被受众理解和接受。比如配有故事的产品总是能够合情合理地卖个高价，且长效不衰，而那些有故事的人则在职场上备受关注，无往不利。所以，易于传播的故事是这个世界上最简单的操纵力，它决定人们是否要买你的产品，或者你是否可以在人们心目中塑造良好的形象。

案例：依云矿泉水因故事而高贵

比如，矿泉水中的贵族——依云矿泉水，1瓶动辄十几元人民币，之所以如此高价，与它在诞生之初伴随的故事是分不开的。故事说的是1789年的夏天，法国的雷瑟侯爵患上了肾结石，长期的病痛让他非常痛苦，有一天他在小镇散步时，无意中发现了一处泉水，饮用一段时间后，他发现自己的病居然奇迹般痊愈了。此后，人们纷纷涌入小镇，亲自体验泉水的神奇，甚至有一些医生还将它列入药方。拿破仑三世和他的皇后也对小镇的矿泉水情有独钟，1864 年，拿破仑三世正式给小镇赐名为依云镇，1878 年，依云水神奇的理疗功效得到法国医药研究会的认可。

这则故事让人们潜移默化地意识到依云矿泉水含有天然、均衡、纯净的矿物质成分，是最安全、最健康的饮用水，是大自然给人类的珍宝，也是人类常葆青春的源泉，这比直接宣传的效果不知道要好多少倍。而且故事也更容易广为流传，从而得到更多受众的主动传播。

因此，要善于讲故事，通过讲故事降低人们的理解成本。讲故事也是一种能力，关于运用结构化表达讲故事的技巧，本书会在第 5 章中介绍。

057

2）用道具

用道具也是一种将信息进行具象化的表达方式，在这里我们可以学习一下乔布斯的演讲技巧，用最通俗易懂、最形象的方式向受众介绍苹果的新产品，比如在发布 Mac Book Air 时，他打开一个大信封，抽出了这个新款笔记本电脑，然后告诉大家这是"世界上最薄的笔记本电脑"，别具一格的道具加上简洁易记的宣传语让人在秒懂的同时过目不忘。

3）打比方

克服"知识的诅咒"，将对方不熟悉的信息、从未知晓的事物用打比方的方式和对方熟悉的思维方式与事物相联系，从而让

其秒懂。比如日内瓦会议上，我方曾邀请西方各国政要出席观看
我们的戏剧作品《梁山伯与祝英台》。为了帮助这些受众克服语
言障碍，邀请函后面附上了10余页的剧情介绍，在发出邀请函
前组委会请示周恩来总理时，总理说可以不要这些剧情介绍，只
需要在邀请函上印上"梁山伯与祝英台：中国的罗密欧与朱丽
叶"即可。这就是一个极为经典的打比方案例。

举一反三，作者有一次出访保加利亚后，回来向相关领导汇
报工作，当介绍出访学校索菲亚大学时，就告诉受众索菲亚大学
就是保加利亚的清华大学、北京大学，这样他们就迅速对这个学
校的地位有了一个较为明确的认知。

2.3 工欲善其事必先利其器：结构化表达的工具

结构化表达是建立在框架上的，除了使用现成的框架以外，
还可以使用如思维导图、逻辑树等分析工具构建新的框架或者改
造已有的框架。

1. 思维导图

（1）什么是思维导图

思维导图（mind map）是一种将发散型思维进行可视化的工
具，也被称为心智图或者脑图。

思维导图是由英国的东尼·博赞（Tony Buzan）开发的，目
的是为了解决思维混乱、记忆力差等问题。由于思维导图的发射

状结构与人类大脑中的神经网络的记忆构造相似，因此可以加快人们对于图中信息的理解速度和加深记忆程度。

比如在本书中作者就充分使用了思维导图帮助读者理解和记忆，读者可以浏览本书开篇的思维导图，从而概览本书的内容，也可以通过每一章背后的思维导图迅速了解和复习每一章的内容。

（2）为什么思维导图这么受欢迎

思维导图已经被越来越多的职场人士所喜爱，几乎成了职场人士的必备武器，借助于思维导图，我们在思考时更为高效，更具有创造力；在记忆时，思路更清晰，更容易记住；在表达时，层次更加分明，能更加高效地传递信息。具体而言：

1）思维导图是理清思路、提炼逻辑的思维工具

在绘制思维导图的过程中，通过厘清层级结构，即一级、二级、三级……层层向次级扩张，在这个过程中，混乱的思路得到整理，按照 MECE 原则对信息进行分类和归并，思考的逻辑将越来越清晰。

2）思维导图是提高记忆、突出重点的整合工具

思维导图的关键技术之一是提取关键词，这一过程将极大地精简信息量，而图文并茂的特性，也有利于促进左右脑同时作用，激发联想能力，从而提高记忆力及对重要信息的把控力。

3）思维导图是清晰呈现、要点明晰的表达工具

一方面，通过描绘思维导图将混乱的信息用框架进行整理后，

059

以框架为基础进行陈述有助于观点明确、层次清晰、思路完整；另一方面，在表达的同时如果将思维导图陈列给受众，则能够通过视觉化的方式让传递的信息更简单直观，受众更易于理解。

（3）思维导图的画法

可用于画思维导图的软件有多种，基础功能大同小异，主要在界面和专业版功能上有所区别。XMind 软件是目前市面上性价比较高的思维导图软件之一，下面以该软件为例说明思维导图的画法。

第一步：双击 XMind 图标，打开软件

在左上角"文件"下拉菜单中选择"新建"，出现图 2-24 所示的界面，可以根据需要在"空白图"或者"模板"中进行选择。

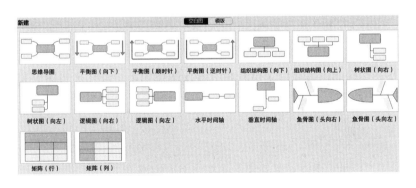

图 2-24 "新建"界面

第二步：选择模板

点击第一个图标"思维导图"，出现图 2-25 所示的界面，根据需要选择所需风格的模板，单击"新建"进入绘制界面。

图 2 - 25　选择模板

第三步：插入文字

　　在首页的"中心主题"处单击则可以输入文字，其他所有分支都可单击输入文字，如图 2 - 26 所示。

图 2 - 26　插入文字

第四步：添加分支

　　在"插入"处的下拉菜单中选择"主题"或者"子主题"则可以插入同级分支或下级分支，如图 2 - 27 所示。

图 2 - 27   添加分支

第五步:美化思维导图

在界面空白处单击鼠标右键,选择"格式",出现"画布格式",设置如图 2 - 28 所示。

图 2 - 28   美化思维导图

单击"背景颜色",出现色板,可以随意调整背景颜色。

单击"选择墙纸",可以选择或使用背景墙纸。

如果想要调整关键词的格式,可以单击需要修改的关键词,鼠标右击选择"格式",在"主题格式"界面进行选择。

读者可以按照此操作流程一一尝试,直到画出效果令人满意的思维导图。

2. 鱼骨图

问题的特性总是受到一些因素的影响,我们通过头脑风暴找出这些因素,并将它们与特性值一起,按相互关联性整理成层次分明、条理清楚的,并标出重要因素的图形就叫特性要因图。因其形状如鱼骨,所以又叫鱼骨图(以下称鱼骨图),它是一种透过现象看本质的分析方法,也被称为因果分析图。

案例:用鱼骨图分析市场营销的问题

现以某品牌的休闲零食为例,采用鱼骨图分析法对其市场营销问题进行解析,如图 2-29 所示。

图 2-29 中的"鱼头"表示需要解决的问题,即该休闲零食在市场中所占份额减少。根据现场调查,可以把产生该休闲零食市场营销问题的原因概括为 5 类:人员、渠道、广告、竞争和其他。在每一类中包括若干造成这些原因的可能因素,如营销人员数量少、销售点少、缺少宣传策略、进口食品的攻势等。将这 5 类原因及其相关因素分别以鱼骨分布态势展开,形成图 2-29 的鱼骨分析图。

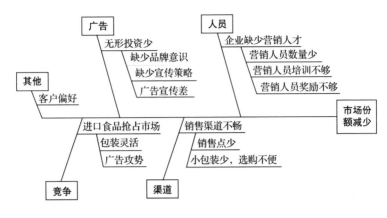

图 2-29 鱼骨图示例

制作鱼骨图包括两个步骤：第一步，分析问题原因/结构；第二步，绘制鱼骨图。

（1）第一步：分析问题原因/结构

首先，要针对问题点，选择分类的维度；第二，对各个维度找出所有可能的原因（因素），这一步最好用头脑风暴法进行，以便于集思广益；第三，将找出的各要素进行归类、整理，明确其从属关系；第四，分析选取重要因素；第五，检查各要素的描述方法，确保语法简明、意思明确。

（2）第二步：绘制鱼骨图

如以上案例所示，用鱼骨图将分析思路进行清晰表达。

3. 逻辑树

逻辑树分析法是由一个问题按逻辑关系派生出一连串的子问题，使原本无从下手的大问题逐渐分解为能够着手解决的问题。在逻辑树中，每一个概念都是由其下一层的若干个概念归纳而成，或者说每一层的若干个概念都是由其上一层的概念演绎而成。

逻辑树的好处在于通过画出概念性框架以保证解决问题过程的完整性，画逻辑树的过程就是一个系统的分解过程，通过这个过程可以将工作细分为一些便于操作的部分，确定各部分的优先顺序，明确地把责任落实到个人。

（1）逻辑树的类型

逻辑树包括议题树和假设树两种类型。

1）议题树

议题树是由逻辑树演化而来的。在议题树中，利用结构框架，每个问题可以分解为若干子问题，子问题又可进一步细分。通过创建议题树，所有的问题和子问题都以一种看得见的方式展示出来。在完成了议题树之后，就有了自己的解决问题图（图 2-30）。

065

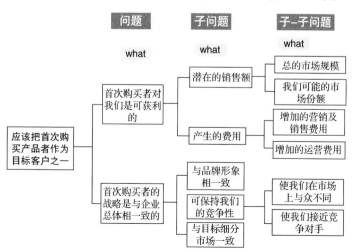

图 2-30　议题树示例

2）假设树

先假设一种解决方案，再确认必需的及足够的论据来证明该假设（图2–31）。

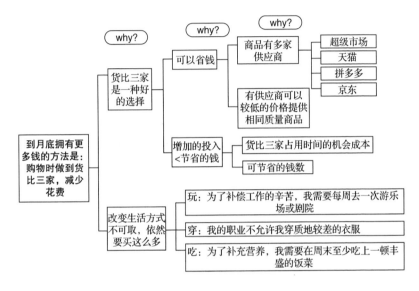

图2–31 假设树示例

综合以上内容，可以将议题树和假设树的用途用表2–3进行总结。

表2–3 议题树和假设树比较

类　型	描　述	为什么使用	什么时候用
议题树 "what"或"how"？	将一项事物细分为有内在逻辑联系的副议题	将问题分解为可以分别处理的利于操作的小块	在解决问题过程的早期，这时还没有足够的可以形成假设的基础

（续）

类 型	描 述	为什么使用	什么时候用
假设树 论据一 论据二 论据三 "why"?	假设一种解决方案，并确认必需的及足够的论据来证明该假设	较早集中于潜在的解决方案，加快解决问题的进程	当对情况有足够多的了解，能提出合理的假设

（2）使用逻辑树的注意事项

1）议题树、假设树的应用范围

包括：

第一，诊断问题原因：what——问题根源在哪；

第二，提出解决方向：why——为什么你的方法有效；

第三，提出行动方案：how——具体怎么做。

2）什么是高质量的逻辑树

首先，体现在相关性与一致性。一致性是指每一级支持中的各因素必须是统一的，相关性是指每一级支撑因素必须与更高一级的内容具有相关性。

其次，体现为保证分类的 MECE 原则，也就是"相互独立，完全穷尽"。在解决问题的过程中，MECE 原则意味着将问题细分为明确的、没有重叠的子问题，同时确保所有相关的问题都已考虑在内。每个概念的外延要等于其下一层若干个概念的外延之和，如果下一层的外延之和大于上一层概念的外延，说明下一层的概念有交叉或有的概念划分和定义得不准确；如果下一层的外延之和小于上一层概念的外延，说明下一层的概念有遗漏或有的概念划分和定义得不准确。

本章思维导图

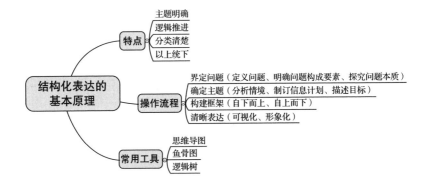

第 3 章

用结构化表达破解汇报工作难题

Chapter
Three

向领导汇报工作是我们经常需要做的事情，可是我们在精心准备好汇报后，可能一开口还没有说几句就被领导打断；或者突然会被领导问到一个问题，自己不知所措，不知道如何回答；或者说完后，领导的反应却是似乎没有明白所汇报的内容或者产生了误会……

这样的情况我们可能都碰到过。为什么领导总是缺乏耐心？为什么领导的理解力低于我的想象？是领导的问题还是我的问题……

改变不了领导，可以尝试着改变自己，从自身出发找原因。其实用结构化表达汇报工作也可以变得很简单，刚才提到的情境基本不会出现。掌握好以下几招你会突然发现以前让自己发怵的工作汇报原来也不是那么"可怕"，好的工作汇报更可以让我们在领导面前充分展现自己的才能。

3.1　明确汇报目的方可有的放矢

1. 目的不明确时，工作汇报的后果

（1）缺乏明确的目的可能造成领导误解

案例：好心提示风险为什么反倒被批评？

小 A 的领导给他布置了一个跟合作商共同推出一款新产品的

任务，在执行过程中小 A 发现其中有重大风险，不能按照领导的
原思路做，需要改变一下产品的合作模式才行。

小 A 赶紧去给领导汇报这个情况，谁知道给领导汇报时，
领导完全不愿听他讲，坚持按原合作模式推进，还批评了他
一顿。

那么明明是好心提示风险，为什么会有这样的后果呢？原来
主要的问题是小 A 在汇报前并没有想清楚汇报目的是什么。汇报
前，小 A 的想法非常单纯，就是想将实际情况给领导反馈一下，
并没有太明确的目的。

事实上，按照社会心理学家 Halvorso 所提出的透明度错觉理
论：大多数人都存在一种假设，即认为彼此之间的沟通是透明
的。在沟通过程中，传递信息的一方会以为自己的感觉和需求能
够被另一方清晰地感知到。

因此，领导在听他陈述事实的时候，就带着自己的假设和理
解了，也就是由于小 A 在汇报之初并没有说明自己的沟通目的，
那么领导在聆听过程中就会帮他赋予一个沟通目的。

因此听小 A 讲完第一句，领导当时的判断是认为小 A 想避难
就轻，不愿意执行自己布置的任务，自然也就不愿意听他继续往
下讲了。

实际情况是，小 A 的汇报目的是：让领导认识到原思路的风
险，在此基础上做出判断，也就是选择冒着风险继续做，还是按
自己建议的新思路做。

如果小 A 明确了这个汇报工作的目的，那他跟领导讲的第一

句应该是：

"领导，新产品的开发我已经跟合作商在全力推进了，但推进过程发现了 3 个大风险，想跟您汇报下是继续往下按原思路推进，还是换种合作模式。"

只有先抛出自己的沟通目的，才能保证让领导不会曲解自己的意思，在汇报工作中方能有的放矢。

（2）缺乏明确的目的可能使听众不知所云

案例：汇报新产品的进展情况

假如现在你需要向领导汇报新产品的最新进展，你是这样汇报的：

这个产品的搜索指数是排在前几名的，尤其是前期的广告费用分配很合理，官网的流量也非常大。目前市面上的激活码特别抢手，上线活动的运营方案准备得也非常充分。总之，我认为这个产品将非常成功，现在的媒体报道也非常多，我建议加大研发力度，而且通过对用户的测试发现用户留存率相当高。还有，这款产品的代言人是当红一线明星 A，传播效果会非常好。

现在换一个思考角度，假如你是领导，你听到这样的工作汇报，感觉如何？乱吗？应该是吧，因为听了半天，你可能仍然不知道手下想传递的信息主旨是什么？

为什么会有这样的问题？因为汇报者没有明确汇报的目的，如果一开始就明确汇报目的，即"新产品在市场上试运营的情况非常不错，建议加大研发力度"，然后按照结构化表达的要求，先说明汇报主题，然后再厘清层次，比如从运营方案、广告投放、客户留存等层面逐一论证运营情况非常不错就可以了。

2. 汇报时牢记自己的沟通目标

（1）汇报前明确自己的沟通目标

为了避免前面提到的由于沟通目标不明确所导致的严重后果，在找上级汇报工作前应先以结构化表达的基本原则为导向确定好沟通目标，并根据沟通目标整理好汇报的提纲，必要时可以采用画思维导图的方式将汇报内容整理清楚。

（2）避免在汇报中迷失目标

有的时候虽然在汇报前确定了沟通目标，但是在汇报时由于领导的提问超出了自己的预期，在回答问题过程中往往聊着聊着就被领导牵着鼻子走了，完全忘记了这次汇报的目的。

为避免这种情况，一个实用的建议就是：在随身带的笔记本上写下本次沟通的目的或者画出体现汇报内容的思维导图，这样在边汇报边记录时就可以时时提醒自己。

如果带本子不方便的话，也可以将本次沟通目的和提纲记在手机里，在沟通结束前弹出来提醒自己。

（3）汇报后确认目的是否达成

最后要提醒的是，尽管汇报的过程沟通气氛融洽，自以为对方都了解和接受自己的想法了，结果领导可能压根就没听进去，或者曲解得跟你的本意差了十万八千里。

因此，每次汇报结束后，请一定记得采用征询的方式确认一下沟通目的是否达成了。比如，可以在最后结束时再确认一下，"您觉得这样做可以吗？"

3.2　汇报工作从结论开始

情境：是上司缺乏耐心吗？

"我的上司特别没有耐心，每次我去找他汇报工作他都喜欢打断我，开会也是如此，有的时候好不容易轮到我发言了，没有说几句，就被他打断了，真是无语……"

作为基层员工，我们发出以上抱怨，恐怕是常有的事情，可是下面让我们再来听听来自打断我们的上司的心声：

"我的手下每次找我汇报工作，就在那里说个不停，我在那里耐着性子听了许久也不知道他们到底想说明什么，我的时间和精力很有限啊，只能在这种情况下打断他们！"

可以看到，以上情况在职场中经常出现，问题的核心并非上司不耐烦，并非上司不善于倾听，而是我们汇报工作不得要领。如何能够在清楚表达观点的同时也能让上司迅速而精准地把握我们的观点，这就是我们用结构化表达汇报工作的基本出发点。

用结构化表达方式汇报工作，在大多数情况下，应该首先"结论先行"，如图 3-1 所示。

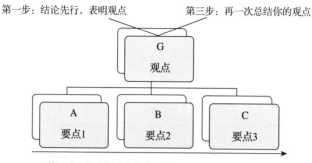

第一步：结论先行，表明观点　　　第三步：再一次总结你的观点

G
观点

A
要点1

B
要点2

C
要点3

第二步：依次阐述支持你观点的要点A、B、C……

图3-1　按照"结论先行"汇报工作

1.　"结论先行"让领导安心和省心

（1）"结论先行"符合大脑的思维习惯

1）人的大脑倾向于不断猜测后面的内容

在接收信息时，人的大脑倾向于会不断地猜测后面的内容，如果我们不第一时间给出观点，对方很可能会根据局部的信息在脑中提前形成与你不一致的结论。

情境：工作进展究竟如何？

张：看来工作进展顺利。

王：根据你提供的数据是这样。

张：如果我们按计划进行，工作将顺利完成。

王：除非出现我们力量不足的问题。

张：我们肯定能够完成任务。

王：但愿如此。

张：你这是什么意思？

王：看来你不愿意正视自己在这个项目上的问题。

张：请说下去！

王：你就是这样！

张：我并非如此！

王：看，这就是你一贯的作风。

张：我不同意你这样说，我知道自己没错。

王：但事实是我们缺乏足够的力量。

张：我同意。

王：那你为什么说不是！

张：什么？我那样说了吗？我只是说，尽管如此，只要我们努力也能完成任务。

王：如果你早这样说，我就会赞成你了。

以上对话中，张和王两人的观点实际上是一致的，即如果足够努力是可以完成项目任务的，但是王在陈述时由于工作态度偏保守和比较谨慎的原因，在表达上并没有直接说出这样的结论，再加上措辞的不当致使张产生错觉，认为王不认可自己的观点，因此导致了无谓的争吵。如果王在表达时，先直接表明自己的观点，再来提醒张关注到顺利执行项目的前提是克服力量不足的障碍，这样的沟通误会就不会出现了。

再来看一个小刘向领导汇报工作的例子。

案例：这样的汇报为什么会无果而终？

小刘在工作中遇到了比较难办的问题，需要向领导请教，于是有了下面的对话：

小刘：领导，我按照项目计划站在进行新产品的推广工作，目前处于微信引流阶段，但是按照这个计划我感觉做不下去了，因为近一周时间和成本花了不少，却没有看到流量有效增加，不知道该如何办了……

领导（中间打断）：你觉得你能做好什么？

领导说完就走开了，留下了小刘一脸尴尬和困惑。

读者可以回想一下自己是不是也有小刘类似的经历？这种情况在职场上是普遍存在的。下级跟领导汇报，不先说结论而说细节，导致你本来想讲 A 事件的，结果领导理解成你想说 B 事件，没等你将结论说出来，领导就可能把你批评了一顿。如果你碰到了这种情况，就是哑巴吃黄连，有苦说不出了！毕竟你不能当场说领导理解错了。

像小刘的这种情况，其实在向领导汇报前应该想好自己将如何去面对工作中的困难，在汇报时先说明自己的汇报目的，即请领导看看自己的新方案是否可行，请他拿个主意，这样就不至于让领导产生先入为主的错觉：你没有能力干好这个工作，所以想逃避责任。

2）人的大脑很难在同一时间内记住大量的内容

如果不先讲结论，而是讲细节的话就意味着需要对方全神贯注地听你讲的每一个字，而且要不停地在脑海中对你表达的内容进行总结归纳，最后在短时间内将重点提炼成一句话，这对 99%以上的人而言都是不太容易做到的事，特别是对于事务繁忙的领导而言。但若你先讲结论，那么即使对方在交流或阅读过程中稍

077

微走神了，也能轻松地理解你想表达的意思。

（2）"结论先行"帮领导节约有限的时间和精力

在这里可以算个账，就是一个管理者在一个员工身上到底会花多长时间？

根据专家所做过的一个关于领导力的调研可以发现，一个管理者大概会花 50% 的时间在业务上，然后 50% 的时间在管理上。在所有的管理工作中还包括了对上的管理，毕竟老板还有自己的老板，另外还有跨团队的沟通。

所以管理者在自己的团队里，向下管理的时间大概是 20%。如果按照一个管理者平均管理 6 到 7 个人的规模来计算的话，你的上司在你身上花的时间大概是 3%。

实际上不用调研，你自己感受一下，你们公司的管理者是不是这样分配时间的？

所以，你的上司对你来说是 100%，你 100% 服务于他，但是你对他来说只有 3%。

这时候我们就会知道，其实你做的很多事情，他是看不到的，你需要在你有限的 3% 的时间里去说服你的老板：你做了很多事情，你的能力是很强的，然后你才能获得更多的认可，拿到更多回报。

工作中的很多场合，你都不会有足够的时间去阐述你的想法，而且面对的层级越高留给你的时间越少，所以你不但要做得好，还需要说得好。

因此，按照"结论先行"的方式向领导汇报工作，在说明结论后阐述理由，并罗列支持理由的事实和依据，这种表达方式的最大好处是让对方安心。如果汇报工作一开始，没有阐明具体的结论，开始就传递很多详细的内容，很容易让对方处于焦虑状态而变得不耐烦，因为在这种情况下对方总是会企图猜测你到底想表达什么。如前面案例所分析的那样，由于透明度错觉的存在，领导在听到所陈述的事实时，就会按照自己的理解赋予对方沟通目的，而此时的判断可能是错误的，但是这种错误的判断会导致工作汇报无法进行下去，导致适得其反的沟通效果。

正如第 1 章开篇提到的加班到深夜才下班的谭小明与董事长电梯里偶遇的那个小故事一样，本来是个给董事长留下深刻印象的绝佳机会，但接近 30 秒钟的"电梯之旅"，小明连一个项目背景都没来得及介绍完，董事长就下电梯走了，更别说给董事长留下深刻印象了。这也是美国著名咨询公司麦肯锡提出"电梯游说法则"的出发点，该公司要求自己的顾问凡事要在最短的时间内（比如坐电梯的 30 秒钟）向客户高层把结果表达清楚，这必须遵循"结论先行"的原则。其实如果你不能在 30 秒钟之内将你要表达的内容说清楚，那么上司要么可能听不懂，要么可能最后理解的意思与你想表达的不一致。

2. 如何结论先行

案例：销售额为什么减少?

在一次业绩通报会上，领导让业务员说明，近几个月销售额减少的原因。

业务员：我也很担心，最近经济低迷，破产企业数量上升，恐怕这种情况还会持续，问题可能出在我们产品的价格和经营重点上……

领导（中间打断）：作为业务员，你连这点事情都做不好吗……

此时的领导为什么会失去耐心？还是表达惹的祸。这样的表达既没有针对性又缺乏逻辑性，很像推卸责任，并且"我也很担心""恐怕"的句式，还带有明显的情绪化倾向，不仅对解决销售额下滑没有帮助，还可能会影响领导对这位业务员的看法。

那么下面让我们看看，如果按照"结论先行"的原则销售员该如何进行汇报呢？

最近销售额的下滑，是因为公司经营重点正在由廉价商品向高附加值的高端商品转移，定价策略的改变，会使客户群发生调整，虽然销售额短暂下降，但利润还会维持在同一水平。

在这里，"经营重点的转移"就是核心观点，因为它直接指向销售额下滑的原因。而"定价策略改变""客户群调整""利润不变"这些都属于论据，用于支撑"经营重点转移"这个核心观点。这样的汇报逻辑清晰，并且追加了积极论据的回答，听起来有说服力多了，整个汇报思路如图 3-2 所示。

值得注意的是，"结论先行"适用于绝大多数汇报工作的情境，但是根据结构化表达的基本要求，即受众导向原则，如果事先估计到领导对我们的观点可能呈否定态度，或者在听到我们的观点后会产生极大的负面情绪时，可以采取"自下而上"的顺

序，即先说明理由再总结观点，这样避免一开口就遭到领导的
抵触。

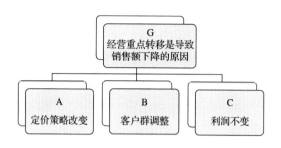

图 3-2　汇报销售额减少原因的思路图

比如汇报销售额减少的这个案例，如果预估到一开始就说结
论可能会遭到领导的反对，则可以改变汇报工作的思路，把结论
放到最后。比如可以采取以下说法：

尽管销售额短暂下降，但利润还维持在同一水平，而且由于
最近定价策略的调整客户群也发生了变化。这些最新情况的出现
都是由于公司经营重点正在由廉价商品向高附加值的高档商品转
移所造成的。

3.3　汇报工作前先确定框架

情境：你到底想说什么？

下属对领导说："领导，最近技术部说有几个项目不得不延
期，还有刚才客户打电话询问解决方案的设计进展，另外，我看
到……对了，张总建议最近要开一次产品创新会，如果……可能

081

……"

听了半天领导也不知道下属究竟要说什么。

究其原因是下属在传递信息时没有构建一个有效的结构。

如果没有结构，我们的思维就很容易从一点漂到另一点，却总也无法得出一个有效结论。

没有结构，事情就会变得非常复杂，让人瞻前顾后、犹豫不决。

没有结构，问题就会像洪水一样试图一股脑儿地冲进你的脑海中，难以把握问题的关键。

借助结构化表达，可以帮助我们构建一个框架，在表达核心观点的基础上，有理有据、条理分明地证明这个观点，使我们能够做到清晰思考和有力表达。

1．两种通用的基础框架

在汇报工作时，如果能够选用一个有效的逻辑，搭建一个经得住推敲的框架，接下来的汇报就会变得容易，因为好的框架能够引导你的叙述，为你指明正确的分析方向，令你的汇报清晰、简要。

虽然有无数种结构可以搭建框架，但是基础结构只有两种：层形结构和列形结构。

（1）从头开始说起的层形结构

如图 3-3 所示，层形结构以背景为开端，目的是让受众对此有一定的了解；然后指出当前形势已经出现的变化，这就可以直接引出你所给出的建议；最后将核心建议呈现出来。

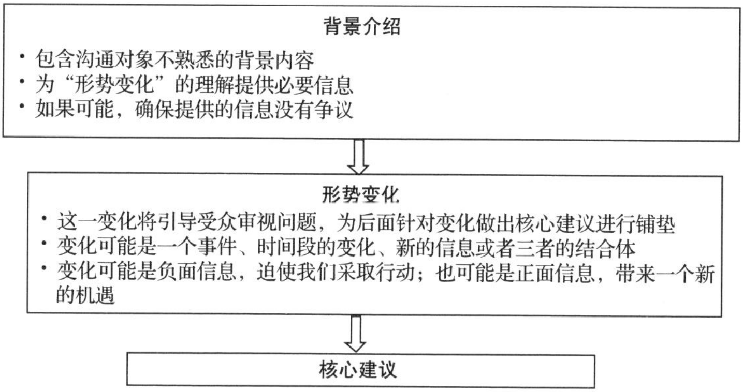

背景介绍
- 包含沟通对象不熟悉的背景内容
- 为"形势变化"的理解提供必要信息
- 如果可能，确保提供的信息没有争议

⬇

形势变化
- 这一变化将引导受众审视问题，为后面针对变化做出核心建议进行铺垫
- 变化可能是一个事件、时间段的变化、新的信息或者三者的结合体
- 变化可能是负面信息，迫使我们采取行动；也可能是正面信息，带来一个新的机遇

⬇

核心建议

图 3 - 3　层形结构示意图

用层型结构汇报工作适用于以下两种情况：

1）受众对背景知识缺乏了解

当受众不太熟悉你所汇报的主题时，用层型结构是一个合适的选择。缺乏背景知识，你的受众无法理解你的核心建议所处的环境，也就很难说愿意支持这个建议，而有了"背景介绍"则能够让受众在理解的基础上做出判断。

2）预估到受众可能抵触你的建议时

如果在汇报前已经了解到受众可能会不太赞同你的建议时，使用层形结构至少可以将你的沟通对象从他们抵触的内容一点点带向你的想法，通过"形势变化"的相关内容为行动提供足够的理由，引导受众以开放的态度去聆听你的讲述，从而可能激发他们支持你的核心建议。

（2）针对业内人士的列形结构

如图 3 - 4 所示，列形结构由核心建议开始，其下是以列形排列的支撑信息，通常列的数量是你核心建议中所包括的功能数量。

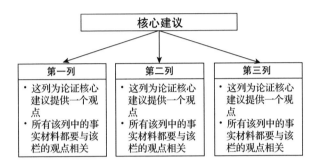

图 3 - 4　列形结构示意图

当你的受众非常熟悉方案的主题，或者不需要你提供所有信息的情况下，可以采用列形结构，这种结构的汇报对象通常是你的直接领导，或者是你经常接触的利益相关人。

2. 汇报工作应该选用哪种框架

在以上两种基本框架中，应该选择何种框架呢？当然是视具体情境而定。

现在先看看下面的案例。

案例：如何汇报关于公司拓展方向的结论？

假如你是某公司的市场顾问，你想向相关领导层汇报你们最新的关于该公司拓展市场方向的研究结论：我们应该进一步拓展华中市场和华南市场，因为由此我们可以每年增加 6000 万元的销售额，700 万元的利润，10% 的市场份额。

当你有了这个核心建议以后，应该如何选择汇报框架呢？应该搭建何种结构呢？基本原则应该是用沟通对象听得懂的方式来展现你的核心建议。因此，框架和具体的结构设计由核心建议和沟通对象来决定。

（1）分析核心建议中的主要概念

比如上面的核心建议，所涉及的主要概念是：

- 拓展新市场；
- 增加销售额；
- 增加利润；
- 增加市场份额。

如果用列形结构，则可以将每个概念作为一列，在每列中都要涵盖与之相关的论据，如图 3 - 5 所示。在探讨拓展新市场时，分析拓展华中市场和华南市场分别需要什么条件；在分析增加销售额时，讨论在华中市场和华南市场分别可以增加多少销售额；在说明增加利润时，解释在华中市场和华南市场分别可以增加多少利润额；在阐述增加市场份额时，说明在华中市场和华南市场分别可以增加多少市场份额。

按照结构化表达"以上统下"的基本原则，列形结构下的每个组成部分都要支撑核心建议，而且每一栏中的要点都要与这一栏的主题相关：所有有关销售额的要点都在销售额一列，所有有关利润点的要点都在利润一列，以此类推。按照 MECE 原则，各列之间也应该是并列关系，之间的内容没有重合，各列内容合并后刚好能够支撑整个核心建议。

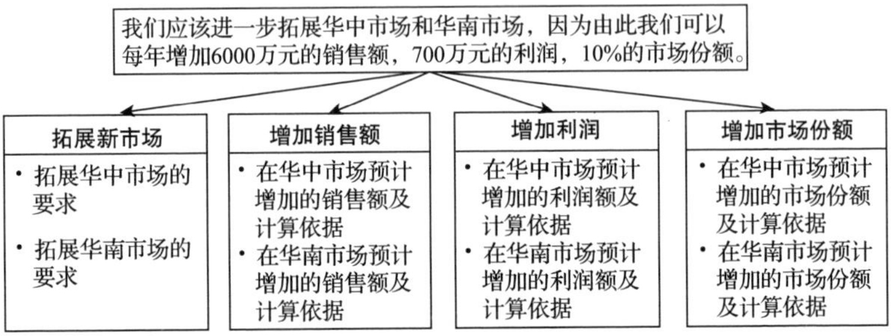

图3-5　面向财务总监汇报结构

（2）沟通对象的分析

换位思考是沟通的本质，在汇报工作时应根据主要受众对所汇报信息掌握的情况和对核心建议的态度选择汇报结构，要牢记不同的沟通对象适应于不同的框架，要根据沟通对象的情况搭建一对一的框架。

还是以前面开拓市场的案例为例，当聆听汇报的对象分别是财务总监、华中区域总经理和华南区域总经理时，在两种情形下，我们汇报的结构是不一样的，如图3-5和图3-6所示。

图3-5之所以适合财务总监是因为：财务总监熟悉公司业务，也相对比较了解我们为什么要拓展区域市场。根据他的岗位职责，他会更加关注你所提出的方案将给公司的销售额、利润和市场份额带来什么样的影响，而且由于他比较专业，他会带着审视的目光去了解你分析和测算出相应结论的依据。因此，为他提供一份包括销售额、利润和市场份额等数据的汇报，主要从财务

角度论证方案的可行性应该是最佳的汇报工作思路。

如果受众是分别负责两个区域市场的总经理，则应该采用不同的汇报结构，如图 3 - 6 所示。这是因为华中地区的总经理不太可能会对华南地区的市场感兴趣，他更加希望在一个部分中了解到与他相关的所有内容。若是华南地区的内容与他所负责的华中地区的内容在同一个部分出现，他就会感到厌倦甚至开始分心。与之同理，华南地区的总经理刚好相反，他希望读到单纯的、有关华南地区市场的分析。

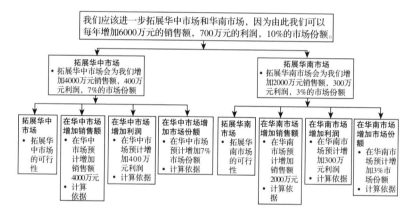

图 3 - 6 面向区域总经理汇报结构

如果面向的受众是股东，他们对于华中和华南市场的情况不太熟悉，对于行业也不太了解，这个时候则可以选用层形结构，如图 3 - 7 所示。

当向不熟悉市场的利益相关人股东传递观点时，"背景介绍"这一层为其理解核心建议提供了所需要的基本信息，而通过"形势变化"的基本数据分析，让股东意识到采取相关策略的必要性，最后提出核心建议，刚好可以解决"背景介绍"和"形势介绍"所提出的问题，即在现有市场态势下做出这样的决策是有利于股东利益的。

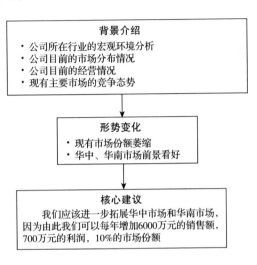

图 3-7　面向股东汇报结构

3.4　智能导航：汇报工作的常用框架

1. PREP 框架

很多资深职场人士根据自己的多年经历提出了 PREP 框架，认为通过这种"先讲结论"的框架能够简洁明了地讲清问题并同时展现结论的可信性，在短时间内将必要信息传达给对方。具体而言，PREP 框架如图 3-8 所示。

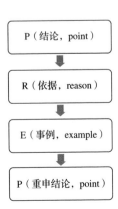

图 3-8　PREP 框架图

P（point，结论）：先讲结论，让受众明确知道汇报的目的与内容，有一个清晰的预期。

R（reason，依据）：再讲依据，充分验证结论的可信性。

E（example，事例）：用必要的事例、数据、故事有力支持自己的观点。

P（point，重申结论）：结尾再强调结论，因为重要的事情说三遍，通过这种方式让受众更明确你讲话的主要内容，并与前面遥相呼应，显示陈述的逻辑性和完整性。

PREP 框架也符合记忆力规律。因为人的记忆力在开始和结束前往往比较集中，而中间注意力往往会下降，所以千万不要将重要的信息藏在中间。PREP 刚好将最重要的信息放到了开头和结尾，给人印象深刻。

应用举例

情境：假如单位领导让你负责组织一个年终的文艺活动庆祝新年，旨在同事间增进交流，经过一个多星期的筹划，你已经准备了一个方案，你将如何向领导汇报？

P：结论，说明 5W2H 的内容，即目的分析（what），原因分析（why）、时间分析（when）、地点分析（where）、人物分析（who）、手段分析（how）、预算分析（how much）。

R：为什么这个方案最优，可以结合公司文化、员工的情况、年会的目的进行说明。

E：可以结合类似的案例或者活动的开展效果论证自己的观点。

P：按照5W2H总结方案的亮点，并且说明需要领导在哪些方面给予关键性的支持。

使用PREP的注意事项

虽然以结论先行为原则的PREP框架适用于大多数场合，但是也有例外情况：

①传递负面信息不适合采取这一框架，PREP更适合传递让人愉快的正面信息，至少也是中性信息。

②当受众的情绪可能是比较抵触时，不建议采取这种陈述方式，否则一开口就有可能引起受众的反感。在这种情形下，必须先获得是受众的理解与认可，才可抛出结论。

2．STAR框架

STAR框架是描述一件事情的结构化方法。"STAR"是situation（背景）、task（任务）、action（行动）和result（结果）四个英文字母的首字母组合，如图3-9所示。

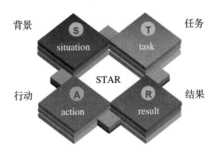

图3-9 STAR框架图

按照STAR框架汇报工作，可以从某项任务的背景或情景说起，逐步说明为了完成什么样的目标，采取了什么样的行动，最后达成了什么样的结果。按照 STAR 框架汇报工作不仅可以讲得更完整，同时也让整个汇报过程听起来更具条理、更加清晰、更具逻辑、更具可信度。

案例：用 STAR 框架汇报工作

比如在参加某次竞标以后，回来向领导口头汇报整个过程，按照 STAR 框架的汇报结构大致如下。

具体情境（S）：为了竞标一个项目，与其他 10 个公司一起到客户公司轮流展示方案，竞争异常激烈。

任务（T）：在限定的 10 分钟之内向客户的专家团队演示方案，争取在 10 个公司中脱颖而出。

采取的行动（A）：按照结构化表达的基本原则和思路准备汇报的内容和 PPT。

结果（R）：在有限的时间内将方案的亮点呈现得非常清晰，且与客户的需求高度匹配，最终赢得了机会。

3.5　简洁明了的汇报是如何练成的

情境：职场新人要如何汇报工作？

小王作为职场新人，最开始的激动和新鲜劲一过，每个月的汇报工作成了他最为头痛的大事。并不是因为小王工作不认真努力，而是每次他汇报工作时毫无条理，没有重点，难以让上司满意，很多次由于上司实在无法再听下去，小王被打断，而一旦被打断，小王愈发紧张，更是不知所云了……

同事小丁由于在职场已经闯荡多年，深谙工作汇报的要点。无论是口头汇报还是书面汇报，小丁都会先整理好要汇报的内容，并做好笔记，然后他会从听众和领导的角度选择汇报的重点和顺序，整个汇报过程条理清晰，让人一听就明白。

那么，作为职场新人，干得好也要说得好，通过结构化表达，我们可以保证像小丁那样干了80分至少说到80分甚至100分，而不至于像小王那样明明干了80分却只能说到20分。根据结构化表达的要求，可以按照以下程序进行准备和汇报。

1. 基于换位思考的理念确定汇报重点

在确定汇报内容的过程中，我们应该充分发挥自己的想象力，要有"向上管理"的态度，站在领导的角度去考虑他最关注什么，对什么最感兴趣，可能会提出什么样的问题。所谓"屁股决定脑袋"，对于以上问题的分析必须站在领导的视角去设身处地地为他着想，才有可能恰如其分地准备好汇报内容，达到汇报目的，获得领导赏识。

假如你想劝说领导停止生产A产品，那么在汇报工作前就需要分析领导听到你这个建议后，他最有可能会提出哪些方面的问题。比如，他可能会比较关心"这样做有什么必要"和"这样做有什么好处"，那么这个时候你就应该着重围绕这两个问题搜集信息和整理汇报结构，此时的汇报重点应围绕这两个问题而展开，如图3-10所示。

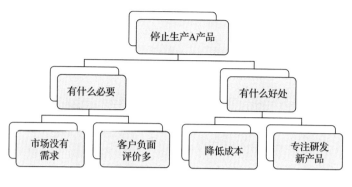

图 3 - 10   确定汇报重点示例

2. 收集信息

根据确定的汇报要点，为了佐证自己的观点，需要找到大量支持观点的理由和数据。在汇报工作时，必须让领导意识到你的观点是建立在大量的调查和研究基础之上的，并非自己的主观臆断。要知道，缺乏充分论据支持的观点是很难让受众信服的。

在具体收集信息时可能会出现两种情况：一种是根据前面设计的汇报要点寻找佐证的材料和数据，这是一个自上而下的过程；还有一种情况是在收集信息过程中，可能会发现一些在设定的要点之外的信息，而这些信息也能够用于支撑最后的结论，因此可以考虑在这些信息的基础上概括出新的汇报要点，这是一个自下而上的过程。

3. 整理信息，构建结构大纲

无论是自上而下还是自下而上，最后在整理信息时都需要把这些论据分门别类，放在不同的分论点下，以使信息条理化。

具体的操作过程是在大量的信息中抽取关键词，然后用箭头连接关键词，构建结构大纲。在构建大纲时，填写关键词要考虑理由和结论之间的逻辑关系，也即上下对应，只有具有因果关系的关键词才可以连接起来，这样才能保证理由和结论充分对应。

比如前面劝说领导停止生产 A 产品的例子，在搜集信息以后抽取关键词，可以构建以下结构大纲，如图 3-11 所示。

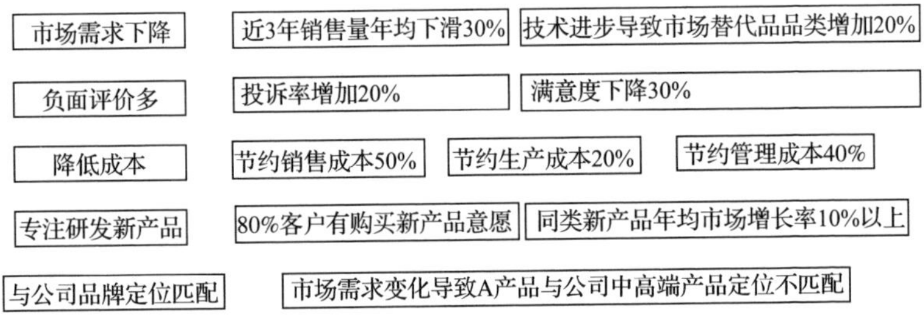

市场需求下降	近3年销售量年均下滑30%	技术进步导致市场替代品类增加20%
负面评价多	投诉率增加20%	满意度下降30%
降低成本	节约销售成本50%	节约生产成本20%	节约管理成本40%
专注研发新产品	80%客户有购买新产品意愿	同类新产品年均市场增长率10%以上
与公司品牌定位匹配	市场需求变化导致A产品与公司中高端产品定位不匹配

图 3-11　结构大纲示范图

4．画出汇报的结构图

在画出结构大纲以后，就可以开始布局汇报用的结构图了。

汇报工作最忌讳的就是思路不清晰，即使搜集的资料非常充足，准备的论据很有说服力，一旦思路不清，还是没有办法将这些论据和资料有机的整合起来，无法实现汇报的目的。此时用画结构图的方法将汇报的逻辑以视觉化的方式展示出来，再辅之以语言，通过图文并茂的方式不仅可以将论据直观地呈现给领导，还可以用语言把细节解释清楚，既能让领导对所汇报的信息一目了然，又有利于使自己加深对于主要汇报内容的理解与记忆，从而大大提升汇报效率，增强汇报效果。

画汇报结构图时，先在所构建的结构大纲基础上，确定好结构形状，然后依次填入关键词，比如图 3 - 10、图 3 - 11 的例子按照此流程可以得到如下的汇报结构图，如图 3 - 12 所示。

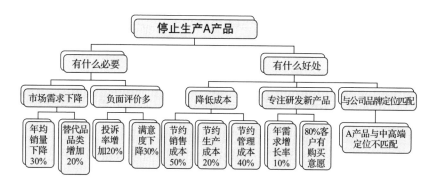

图 3 - 12　完整的汇报结构图

5. 检查和完善结构图

最后，对汇报结构图进行检查和完善。检查的标准是横向层次应用 MECE 原则，看看各项之间是否完全穷尽、相互并列；纵向层次的检查标准是看是否符合"以上统下"的原则，分论点是否与总论点一致，论据是否都支持分论点。

完善结构图主要围绕图的形式和美观度进行，以增强图形的说服力，具体工作内容包括：第一，为了使结构图更加美观，可以根据需要调整图形的大小与位置，给文字和图形增加一些效果；第二，把重要的内容用颜色、图画或特殊符号标出来，以便于在汇报时进行重点阐述。

3.6 汇报工作善于"讲三点"

案例：小白该如何回答领导的提问？

在项目会议上，项目经理突然问职场新人小白说：

"小白啊，你昨天也参加了采购部门的访谈，你发现他们的采购有什么问题吗？"

小白没有想到经理会突然向自己发问，一下子懵了，磕磕巴巴地说：

"我发现他们在收到入库的产品时很多时候没有做记录，别人也可以随意来领取办公用品，而且基本上所有的采购业务都要找总经理签字……"

此时的小白之所以语无伦次，是因为没有准备，没有想到项目经理会突然问自己，而如果小白掌握了"讲三点"的表达技巧，一开口就"讲三点"，一定会获得项目经理的刮目相看。

所谓"讲三点"指的是我们在文章写作、语言表达时将要表达的内容归纳为三个方面或者三句话，然后有条不紊地把这三个方面讲出来。下面我们就来看看在汇报工作时为什么要"讲三点"，如何善于"讲三点"。

1. 汇报为什么要会"讲三点"

"三"在中国是一个非常活跃的数字。在古代，人们认为："三"是最圆满的，《史记·律书》中提到"数始于一，终于十，成于三"。"三"是最包容的，宇宙中的万事万物都是由天地人三才创造的，世界上所有有形的东西都是由三维空间构成的，天地间所有的色彩都是由红黄蓝三原色构成的。"三"在中国已经成为一种观念和文化深入我们的思想。如古人行礼要三让三揖，做事要三思而后行，成语有三人成虎、举一反三……

纵观历史长河，我们都可以轻松地发现"讲三点"的例子，足以说明它的存在有着重要的意义。那么它在我们的工作中到底有什么好处呢？下面也来"讲三点"：

（1）方便记忆

1871 年英国经济学家和逻辑学家威廉·杰沃斯做过一个实验，该实验说明人类大脑在努力记忆的情况下，准确的短时记忆数量也只是在 5 ~ 9 之间波动（俗称为"7±2"效应），而为了让别人在一般状态下准确接收你所传递的信息，一次性传递的要点数量最好在 3 个左右（可以是 2 ~ 5 个）。

（2）信息全面

"三"其实也代表多数的意思，万事万物基本可以归纳总结为三类，每一类又可以细分为三点，如果必要也可以继续细分。俗话说，三三得九，九九归一，其实也是这个道理。"三"基本可以涵盖所要表达的内容。

（3）提升逻辑

无论是文字还是语言都可以通过"三点"来快速构思，提升归纳总结的能力，进而提升逻辑性和条理性。

当然，我们也不能教条、机械地在任何场合都用"讲三点"来照搬。《笑傲江湖》中的风清扬传授令狐冲"独孤九剑"时，一直强调：招是死的，人是活的。所以读者也不要把"三"学死，要灵活应用。

2. 如何善于"讲三点"

现在大家已经知道了"讲三点"的好处，而且被各类人士在各个时代的各种场合中广泛应用。那么如何能让"讲三点"真正变成自己的一种能力呢？

（1）要积累"讲三点"框架

框架可以从时间、结构、重要性等维度去积累和练习。

比如，我们用"讲三点"的框架对本节开篇案例中小白的回答进行如下修改。

小白：经理，通过昨天的调研，我们发现客户的采购管理流程存在以下 3 个问题。

第一，采购申请没有分级授权审批，无论采购量大小，都不经过总经理审批；

第二，采购入库不做记录；

第三，办公用品领用不做登记。

这里的"讲三点"是按照采购流程的时间顺序来组织内容的，也就是"采购申请→采购入库→物资领用"的顺序。

再比如说，马上开公司年会了，跟领导喝酒总要说点什么吧！这里也可以用"讲三点"：

"领导，您严谨的思维逻辑和优秀的工作习惯深深影响着我；在您的带领下我收获了知识、能力和不错的收入；预祝公司明年再创佳绩！干杯！"

这句话看似简单，但是利用了"讲三点"来讲述，而且使用的是结构顺序"你、我、公司"，你在领导心目中的形象可能一下子就高大了起来。

（2）综合使用归纳式分组和演绎式论证

在实际工作中，往往根据需要将归纳式分组和演绎式论证结合起来使用，通常有先归纳后演绎和先演绎后归纳两种结构，分别如图 3 - 13 和图 3 - 14 所示。

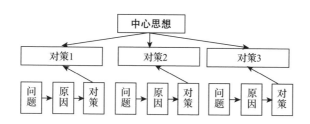

图 3 - 13　先归纳后演绎结构

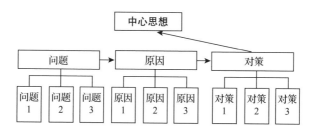

图 3 - 14　先演绎后归纳结构

案例：调研报告的结构

作者曾经接到某市相关政府主管部门委托，完成一份商贸流通业的调研报告，根据我们搜集资料和分析的情况，我们决定将"促进某市商贸流通业高质量发展"作为汇报的主题，而根据高质量发展的含义，汇报的结构组织既可以采取先归纳后演绎的结构（如图 3 – 15 所示），也可以采取先演绎后归纳的结构（如图 3 – 16 所示）。

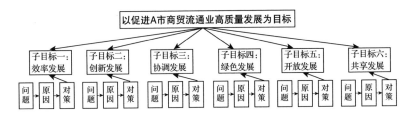

图 3 – 15　先归纳后演绎示例

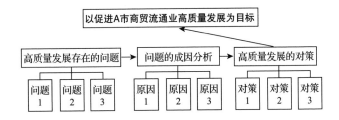

图 3 – 16　先演绎后归纳示例

（3）"讲三点"时注意 MECE 原则

前文介绍过 MECE 原则，即相互独立、完全穷尽。以 MECE 为标准检查信息的组织，看看是否有重叠的部分，也要检查是否有遗漏的部分，要做到信息的组织既不重叠也不遗漏。

（4）要养成"讲三点"的习惯

冰冻三尺非一日之寒，习惯的养成也并非一朝一夕之事。关于如何轻松养成习惯，下面仍然给三点建议：备忘录提醒、奖励自己、请他人监督。

第一，备忘录提醒；即根据自己的生活和工作情况列出需要"讲三点"的事项清单，并设置带有铃声提醒的备忘录。事项清单既可以是工作也可以是生活中的事情（前期为了养成习惯，任何事情都用"讲三点"来说，比如跟父母打电话、跟朋友聊天、写日记、餐厅点餐……）。

第二，奖励自己；今日事今日毕，在根据清单执行的同时要于当日进行总结，如果完成了计划给予自己奖励。

第三，请他人监督；在习惯养成的过程中离不开他人的帮助，找一个至亲的朋友、同事或家人提醒你、监督你，并对于他们的帮助给予奖励。

不积跬步，无以至千里；不积小流，无以成江海。走向成功的道路没有捷径，从一点一滴做起。想要在面对领导汇报工作时胸有成竹，想要在职场中快速成长，那就让我们从"讲三点"练起。

3.7 做有画面感的汇报

研究发现，视觉记忆是记忆中最容易的一种方法。所以，在汇报工作时，如果能够通过画图的方式引导受众把原先的听觉记忆变成视觉记忆，把复杂的听觉记忆变成简单、形象的视觉记忆，这样一来汇报的内容更容易被领导理解和记住。

1. 为什么"看图说话"能使汇报更加顺利

（1）用图解更容易获得理解与认同

案例：用图解获得大家的理解与认同

刘波是一家专门负责劳动关系协调的顾问，每次在协调劳资关系时，在与工会进行协商之前必须先征得公司内部共识，这个过程非常困难，但是该顾问尝试着用图解的方式把到协商为止的所有事情经过和未来该做的事情，用图解方式进行汇总和展示，所有在下面聆听的受众都非常震惊，即使那些挑三拣四的人都几乎没有提出异议。

以上案例说明用图解的方式更加容易获得大家的理解与认同，这是因为用图解的方式可以把劳动关系协调的提案、重点与过程都讲得非常清楚。

（2）用图解使自己的思路更加清晰

在画图过程中，随着图形一步一步跃然于纸上，自己的思路也将更加清晰，也更容易获得有效的解决方案，也就是说绘图过程就是一个思路清晰的过程。因为汇报者在画图过程中已经将所有思考与答案在脑中仔细整理了一遍，对细节也了然于胸，所以可以顺利地回答在汇报过程中领导的提问。

(3) 用图解引导自己和听众深入思考

与条目式写法相比较，用图解汇报工作就倒逼汇报者不得不对事物进行深入的分析与思考，仔细斟酌以下问题：什么与什么之间存在紧密的联系？什么与什么之间具有因果关系？什么与什么之间是包含关系？什么与什么之间是对立关系？通过图解自己的想法和立场变得更加明确，也让听众对事物的架构看得更加透彻。总之，图解的过程能帮助我们增加思考的深度，图解不仅是表达的工具，也是思考的工具。

2. 用画图进行汇报的步骤

第一步：仔细阅读汇报的内容，标识关键词和核心论点

按照结构化表达撰写工作汇报的内容，首先是核心的结论，而围绕核心结论的分析、论证过程在图示前可以先通过标注的方式将思路整理清楚，尤其是对应的关键词要标识出来。画图前思考这些关键词之间的关系和权重，为图示做准备。实际上，一般情况下图示使用圆圈和箭头就够了，图示越简单，越能发挥传递信息的功能。

第二步：将找出的关键词进行分类

按照 MECE 原则，看看这些关键词之间是否有特质或相似的内容，有的话就将其分类，将每类放进不同的圆圈中。

大多数情况下，常见的结构关系有包含关系、并列关系、重叠关系三种配置类型，如图 3-17 所示。

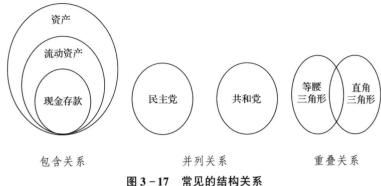

图 3 - 17 常见的结构关系

以上三种配置类型基本涵盖了大部分的结构关系。

第三步：用箭头表达各个类别之间的关系

箭头用于表达各个圆圈之间的关系，常见的关系有流程关系、互动关系、对立关系、扩散关系、因果关系，如图 3 - 18 ~ 图 3 -22 所示。

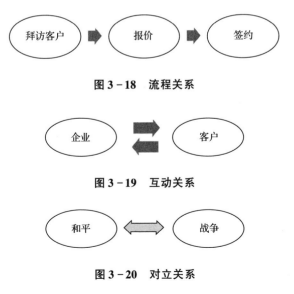

图 3 - 18 流程关系

图 3 - 19 互动关系

图 3 - 20 对立关系

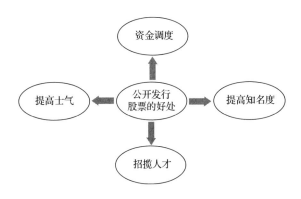

图 3 - 21　扩散关系

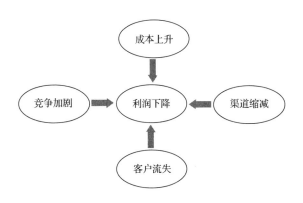

图 3 - 22　因果关系

扩散关系表达的是向外扩展，如图 3 - 21 所示，箭头方向朝外表达公开发行股票的诸多好处包括"资金调度""提高知名度""招揽人才""提高士气"等。

因果关系的箭头方向朝内表达诸多因素造成某个情况发生，如图 3 - 22 所示，"成本上升""渠道缩减""客户流失""竞争加剧"等原因导致了利润下降。

使用箭头可以让各个要素之间的关联性得到清晰表达。

第四步：凸显核心主题

到第三步整体架构已经基本完成，为了使主题更加明确，还需要调整图的位置凸显汇报的主题。这个时候首先进行换位思考，领导在听汇报时最关心什么问题？我的汇报主题是否能够解决领导的问题？在此基础上，将最重要的内容和信息提炼出来。第二，把重要的内容和信息安排在图的正中央，这样可以将最重要的信息以较有冲击力的方式传递给读者。第三，调整其他要素的位置和箭头方向。

第五步：检查

检查的要点包括：要素分类是否符合 MECE 原则？箭头联结是否正确表达了要素之间的相互关系？用词是否准确且精简？

下面通过一个案例来加深对用图示汇报工作的理解。

案例：向领导汇报菊花酒不再参展的原因

公司酿造的菊花酒曾经在全国糖酒展览会上获得金奖，但是从今年开始，由于糖酒展览会的主旨和评价标准发生变化，菊花酒不再参展，下面拟用图 3 - 23 向领导汇报菊花酒不再参展的原因。

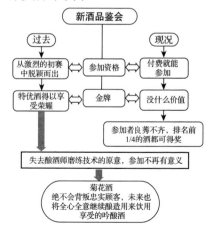

图 3 - 23　菊花酒不再参展的原因

本章思维导图

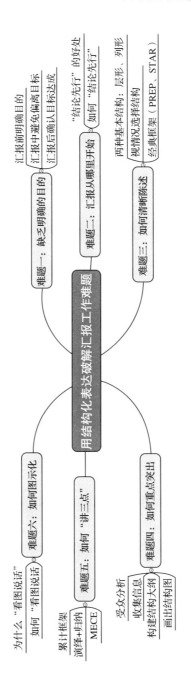

用结构化表达破解汇报工作难题

难题一：缺乏明确的目的
　汇报前明确目的
　汇报中避免偏离目标
　汇报后确认目标达成

难题二：汇报从哪里开始
　"结论先行" 的好处
　如何 "结论先行"

难题三：如何清晰陈述
　两种基本结构：层形、列形
　视情况选择结构
　经典框架（PREP、STAR）

难题六：如何图示化
　为什么 "看图说话"
　如何 "看图说话"

难题五：如何 "讲三点"
　累计框架
　演绎+归纳
　MECE

难题四：如何重点突出
　受众分析
　收集信息
　构建结构大纲
　画出结构图

第 4 章

用结构化表达
破解客户沟通难题

Chapter
Four

说服客户取决于理性、品格、情感三要素（图4-1）。

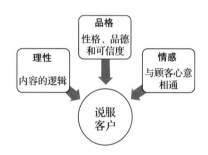

图4-1 说服客户三要素

以上三要素中：

理性——你说话内容的逻辑、语言和支持性的理由。

品格——你的性格、品德和可信度，即增强受众对你的信任感，也就增加了说服力。

情感——只有与听众心意相通，情感相连，从能够激励他们的最根本的层面去推动，才能使他们转变思想或采取某种特定的行动。

本章将从结构化表达的技巧出发，分析如何围绕着理性、品格和情感说服客户。

4.1 如何把话说到客户心坎里

1. 站在客户的角度考虑问题

对沟通效果做出最终判断的是客户,必须使客户足够信任你所讲的话,这样才有足够的说服力。

基于这一思路,传递信息时,不能只考虑自己的观点,要更多从"听到这一信息的时候,客户会有哪些疑问,他们是否会感兴趣"的角度去构建可以打动对方的逻辑,即站在对方的立场考虑思维框架,考虑如何能够传递给对方具有说服力的信息。

情境:向客户介绍银行的新业务

你试图向客户介绍你所在银行最近刚刚推出的一项新业务,如果你这样说:

"刘总,我们银行最近应众多客户要求,推出了一项全新的电子银行汇票业务,目前我们正在努力向客户推广这个业务。这个业务的开展有见票即付、定日付款等多种形式,签收兑付的形式也是多样化的,而且最高的单笔金额可以达 1 亿元。操作也非常简单,只需要登录网银即可,省去了到网点办理业务的麻烦,很多客户都办了,反馈不错……"

各位读者认为这样的介绍合适吗?能够说服客户吗?

应该说,这样的说辞是不能打动客户的。要注意信息传递者与信息接收者的关注点往往是存在较大差别的。这个案例中,传递信息的一方是从自身的角度出发在传递信息，并对这个新业务的诸多特点非常自豪，但是客户听完之后并不明白你们银行的新业务受欢迎和我有什么关系？你们的新业务能够给我带来什么好处？

要知道，听众在得到信息以后的第一反应是 WIFM，即那对我有什么好处（What's in it for me），因此这个时候作为说话人在设计信息时首先考虑的是：我所说的话对听众而言，有什么益处呢？他们为什么要听我说话呢？

如果有了上述换位思考的理念，站在客户的角度考虑问题，这个时候的陈述可以改为：

首先按照结论先行的原则，开门见山地说明结论，强调新产品给客户带来的利益：

"刘总，我们银行最新推出的电子银行汇票新业务，它将给您带来如下三个方面的便利。"

然后按照"讲三点"的原则逐一说明新产品可能带来三个方面的便利：

"第一是形式灵活，有'见票即付''定日付款'等多种形式可选；第二是额度较高，最高可以达 1 亿元；第三是操作简便，拿出手机直接在网银 App 上就可以操作了。"

最后，再一次从对方的立场强调可能给对方带来的便利，并利用"从众心理"号召对方立即做出决定：

"由于以上便利，这项业务一经推出广受欢迎，比如您熟悉的客户李总、吴总他们都已经办理了，您看是不是现在办理呢？"

2．了解客户的真实需求

（1）客户为什么不知道自己的需求

其实很多时候客户是不知道自己的需求的，比如以下的情境。

情境：为什么要买火龙果

有一天小王在水果店值班，来了一位女顾客，这位顾客进店后啥都不看，直奔营业员，问道：

"有没有火龙果卖？"

刚好那天火龙果卖完了，如果换了其他的营业员，很有可能的回答就是：

"抱歉，我们的火龙果卖完了，明天会进货，您明天可以早点来。"

可是小王是一位训练有素的店员，他知道该如何更好地与顾客交流，小王的回答是：

"对不起，我们的火龙果刚刚卖完了，不过店里还有很多其他的优质水果，我想问一下您为什么只想买火龙果呢？"

女顾客回答说：

"因为我上火了，嗓子疼，火龙果下火，对我特管用。"

原来如此，既然搞清楚了顾客的真实需求，小王不失时机地推荐说：

"是这样啊，针对您的情况，火龙果当然很好，不过我们店里的秋月梨可能更有用，这种梨子比火龙果的下火效果更好，而且还有润肺的功能，关键是口感更加细腻，水分特足，价格上更实惠，要不要试一试？"

女顾客很高兴地接受了小王的推荐。

小王为什么能够说服顾客接受购买计划外的产品呢？因为他善于弄清楚客户的需求，其实很多时候客户是不知道自己的需求的。

造成这种需求无知的原因主要有两种：

1）大脑偏向于给出初步解决方案

人很多时候偏向于好为人师，在遇到问题时，大脑的第一反应就是找原因或应对措施。因此，我们向别人提出的问题或需求，或别人给我们的问题或需求，往往都不是问题本身，而是问题的初步解决方案。我们很多时候分不清楚问题和解决方案的区别。

像刚才那个卖水果的类似情况其实广泛存在于我们的工作和生活中。女顾客根据自己的经验和记忆，在上火导致嗓子发炎后第一反应就是吃火龙果的解决方案，因此到了水果店才会直接问有没有火龙果卖，而忘记了自己的真实问题是需要购买具有下火功能、可缓解嗓子发炎的水果。

因此，当我们面对客户提出的需求时，要多去思考这是客户的初步解决方案还是问题本身，抓住客户真正的痛点才是关键。

2）受到认知的限制真的不知道自己的需求

在《乔布斯传》一书中曾经提到过乔布斯关于消费者需求的深度洞察，乔布斯认为虽然经常有人说，消费者想要什么就给他们什么，但消费者并不知道自己需要什么。比如亨利·福特曾说过，"如果我最初是问消费者他们想要什么，他们应该是会告诉我，'要一匹更快的马'。"所以，公司的责任是提前一步搞清楚消费者他们将来想要什么。当我们拿出自己的产品，消费者就能发现，这是我想要的东西。

因此，虽然我们总是说客户就是上帝，但其实我们口中的"上帝"往往受到自身受教育程度、经验和视野的限制，大多数时候真的不知道自己要什么，需要我们帮助他们去一点点地引导、挖掘出来。

（2）如何了解客户的真实需求

1）多问几个"为什么"

前面提到由于大脑在遇到问题的时候，第一反应就是找原因或应对措施，因此常常导致客户不能分清楚需求和方案，直接认为自己制订的初步解决方案就是需求。在这种情况下，要想真正找到用户的需求，就要善于多问几个"为什么"。

比如本节开始的水果店案例，女顾客是因为上火导致咽喉发炎而需要吃火龙果，吃火龙果实际上是她根据自己的认知所找的解决问题的方案，而并非实际的需求，女顾客的实际需求是要降火气以解决咽喉发炎的问题。在火龙果缺货的情况下，店员不是简单地告知缺货，而是通过不失时机地询问"为什么"以了解客户的真实需求，为客户提出了新的方案，说服了顾客购买。

所以在与客户沟通时，一定要有换位思考的理念，通过多问几个"为什么"，就能问到更为深层的需求。

2）发掘顾客的潜在需求

当目标用户甚至不清楚自己的需求是什么，也不知道如何表达自己的需求时，传统的"找出用户需求，再研发能满足需求的产品或服务"的方式就不适用了，这个时候要注意挖掘客户的潜在需求，通过引导将其潜在需求变成现实需求。在尝试着挖掘客户潜在需求时，要考虑：用户的目的或期望（而非口头的需求）、用户从事的活动、用户的优先考虑。只有了解了用户的目的、活动和优先考虑，才能对用户的困扰有较清晰的认识，从而找出用户心中真正的渴望，比如下面的案例。

案例：老太太买李子

有一个老太太来到市场，看到小贩一，于是问："你的李子味道如何？"

小贩一说："我的李子大又甜，特别好吃。"

老太太不吭声，继续往前走，看到了小贩二，于是问："你的李子味道如何？"

小贩二说："我这里是李子专卖，您要什么样的李子？"

老太太回答说："我要那种酸酸的李子。"

小贩二把酸酸的李子给老太太看了，老太太便称了一斤。买完后老太太继续逛，碰到了小贩三，老太太问："你的李子多少钱一斤？"

小贩三没有回答，反问："您要哪种李子？"

老太太说："我要那种酸酸的李子。"

小贩三接着问："您为什么要买酸李子？"

老太太回答："因为我的媳妇怀孕了，想吃酸一点的。"

小贩三继续问："那恭喜您了！您知道孕妇最需要什么样的营养吗？"

老太太似乎被问住了，一脸茫然。

小贩三说："维生素是孕妇最需要的。您知道什么水果含维生素最多吗？"

老太太摇摇头。

小贩三又说："猕猴桃是维生素最多的水果，特别适合孕妇吃，每天吃猕猴桃的孕妇生出来的宝宝都很聪明的。您要不要来一点？"

老太太一听，想都没有想，赶紧说："那给我来两斤吧。"

在以上案例中，老太太其实是不太清楚自己到底要什么的，只是知道媳妇想吃酸的，于是就来买酸李子，而小贩三则善于应用提问技巧掌握顾客的深层次需求，那么在这里老太太最深层次的需求是什么呢？

其实既不是李子也不是水果，最核心的需求就是有一个聪明、健康的孙子，如果有读者认为老太太的核心需求是保证媳妇的健康，这个答案实际上还是没有抓到问题的本质。围绕这个最核心的潜在需求，小贩三通过寥寥数语便挖掘出了顾客的潜在需求并激发了顾客的渴望，同时提出了解决方案，这样当然就轻而易举地说服了老太太，老太太甚至都没有问价格便迫不及待地要来两斤猕猴桃，可见这个小贩发掘客户需求的过程是非常成功的。

在这个过程中，具有换位思考的理念是根本出发点，另外也要意识到需求的层次性，需求一般呈树状结构，如图 4-2 所示。只有找出用户心中真正的渴望，才能激发他们意识到自己的痛点，然后提出解决方案，自然就可以在发掘客户潜在需求的基础上进行充分说服。

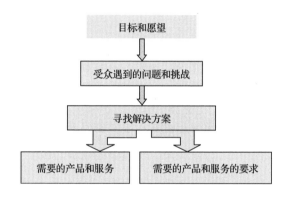

图 4-2 需求的层次性

3. 清晰地陈述利益

客户在得到信息以后的第一反应就是"那对我有什么好处"，因此要想说服客户，要想打动他们，一定要根据他们的实际情况，进行清晰而明了的利益陈述。

（1）利益的三个层次

分析利益时，不要只考虑物质层面的，其实利益包括三个层次，如图 4-3 所示。

首先是直述物质上的利益收获，也就是可以用金钱进行衡量的价值，这是进行利益陈述最简单的方法，比如直接告诉客户这样做可以节约多少成本，可以增加多少利润。

图 4 - 3　利益的三个层次

第二点是升华心理上的价值收益，这是非金钱所能带来的内驱动力，通过引导让对方从关注物的短期收益过渡到关注自我的长期收益。

第三点是情绪利益，也就是在以上两步理性的推动下，最后采取感性激发，使得对方快速做出你要的决定。

举例：咨询方案的三层利益

你试图说服客户接受你的咨询方案，在听完你的陈述以后，客户看起来并没有什么反对意见，但是也没有表态，此时你可以说：

"李总，如果按照这个方案执行后面的营销计划，贵公司的销售量可以在半年内增加 50%。"（物质利益）

"负责贵公司这个项目，也让我对贵公司有了更多了解，对于贵公司未来的市场发展潜力我们是非常具有信心的，也很看好在您领导下的营销团队。"（心理利益）

"如果您同意我们这个方案，我们一定会在执行过程中全力以赴地给予营销团队协助，让您实实在在地看到我们方案的成效。"（情绪利益）

（2）从对方的立场出发陈述利益

当你传递信息时，对方的思维定式是：这样做或者相信你对于我来说有什么好处。因此，在向客户介绍自己的产品或者方案时不要只是专注于介绍自己产品的优点，而是更多地考虑如何将利益明确传递给对方，即这样做对于对方有什么好处。

具体而言，需要遵循以下三个原则：

- 聚焦于对方最关注的利益点；
- 以对方为主语进行对话；
- 围绕对方的兴趣展开。

案例：如何介绍公司的 ERP 系统？

你想向某个工厂的厂长推介一套你们公司开发的 ERP 系统，如果只是专注于自己的产品，你的介绍词可能是这样的：

我们的 ERP 系统客户包括大量的上市企业和大中型民营企业，有很多客户多年使用我们的系统并给予了极高的评价。此次，根据贵公司的具体情况，我向您推荐的这套系统不仅可以处理日常生产中的物料采购、调配和入库，还可以处理公司对外和对内的结算业务。而且因为使用了云系统，所以也可以应用于与外部公司的合作中……

这套介绍词可以说是不得要领的，对方最多只能了解你的系统大概可以提供什么样的功能，但是他们可以从这个系统中获得哪些利益就不得而知了，那么这样的介绍就很难吸引人，更谈不上说服别人。现在让我们按照上述陈述利益的三个原则修改一下介绍词：

> 贵公司以前都是使用人工管理物料采购、调配和入库等工作吧，这样是不是很容易出现差错？而且有没有觉得这是一个费时费力、非常琐碎的工作？现在只要使用我们的 ERP 系统，这些问题都可以用系统快速解决，而且员工学习使用这套系统也非常简单，只要半天就可以轻松掌握。另外，以前公司对内对外结算，是不是都需要有专人到公司各个部门和其他供应商那里现场沟通？使用了我们的云系统就可以省去这个程序了，这些都可以直接通过系统完成，能大大节约差旅费用和时间哦。

这样站在对方的立场，直接说明对方可以获得哪些好处，是不是可以更好地打动对方呢？

在陈述利益前，基于换位思考，了解客户对什么最感兴趣也非常关键，因为如果只管陈述利益，而对方听不进去也可能白费劲。

情境：不是每个顾客都关注明星

比如你在一家美容养生会所工作，你试着向你的客户推介一套高档的内衣，当你尝试着向客户说明这套内衣有多么受欢迎时，你可能会说：

"我们这套内衣也有很多明星粉丝的，比如，＊＊影星在拍戏受伤后穿了这套内衣发现了它的独特功效，从此欲罢不能，每天都穿着它。再比如，＊＊歌星一直是该品牌内衣的代言人……"

如果这个时候你的受众是一位中年女性，她可能会对你的介绍不屑一顾，毕竟这个年龄的客户很有可能是不追星的，而且也认不得几个明星。在这种情况下，她可能对于你所讲的内容失去兴趣，很快将注意力转移到其他事情上去，因此由于介绍不当你可能错失机会。

在这种情境下，应该根据这个年龄的女性最有可能感兴趣的问题来选择你的述求要点，比如她可能更加关心健康，更加关注延缓衰老等问题，因此如果从这些方面去介绍内衣的功效，触及客户的痛点，则会更加容易打动她。

4.2 与客户沟通的准备清单

基于结构化思维，以换位思考为基本理念，可以按照图 4 - 4 的沟通步骤做好与客户沟通的准备，即分析情境、确定目标、拟定框架、预计问题、回答问题。

图 4 - 4 准备与客户沟通的步骤

下面通过一个故事说明。

案例："老顽固"是如何被说服的？

菲尔电气公司是一家提供自动化养鸡设备的公司。公司总经理刘力先生曾经干过 20 多年的推销，被授予"推销大师"的称号。最近，刘力从报表上发现，近几个月公司的销售额普遍下降了，特别是甘肃等西北地区下降得很厉害。这是什么原因呢？原来是公司最近录用了一批年轻推销员，业绩普遍都不理想，刘力于是决定到全国各地分公司去检查一番，他所选定的第一站就是销售额下降最厉害的甘肃省。

刚一到甘肃，负责该地的年轻的推销员皱着眉头诉苦，心急火燎地大发了一通诅咒当地农民的议论："刘力，您不了解本地的农民。这些家伙思想观念落后，非常保守顽固，根本不愿意接受任何新事物。他们极其吝啬，一毛不拔，你无法卖给他们任何东西……"

"也许你说的都是真的。"刘力附和他的意见，"那么，我们能不能一起去见见他们呢？比如，那个最难缠的家伙。"

在年轻推销员的带领下，刘力来到王老太家。"笃笃笃"，在大门外，刘力轻轻地敲门。过了一阵，门打开了一条小缝，王老太探出头来，当她看见陌生的刘力以及站在刘力身后熟识的推销员时，"砰"的一声，毫不客气地关上了大门。"我不买你们的电器，什么皮包公司，一群骗子……""对不起，王女士，打扰您了。"刘力微笑着，赶紧道歉，"我不是来推销电器的，我是想买一篓鸡蛋。"

王老太把门开大了一点点，用怀疑的眼光上下打量着刘力。

123

"我知道您养了许多美尼克鸡，那是良种鸡，我想买一篓新鲜鸡蛋。"门又打开了一点点。王老太太好奇地问："你怎么知道我养的是良种鸡？"刘力彬彬有礼地说，"我也养了一些鸡，但我的鸡没有您的良种鸡那样好。"适当的自谦，镇定自若的合理解释，抹去了王老太脸上的皱纹和怒色，但她仍有一些怀疑："那你为什么不吃自己家的鸡蛋呢？"刘力耐心解释，"我养的鸡下白色的蛋，您养的美尼克鸡下棕色的蛋。您知道，棕色的蛋比白色的蛋，营养价值要高一些，我要买一些给太太吃。"王老太的疑虑全消，打开门走出来。

在大门洞开的一刹那，刘力眼光一扫，发现院子有一个精制的牛栏。刘力继续与王老太套近乎，"我想，您养鸡赚的钱，一定比您先生养牛赚的钱要多得多。""是嘛！看来你很在行。"王老太乐呵呵地说，"明明是我赚的钱比他多，可我家那个老顽固，唉，就是不肯承认。"

深谙人际关系技巧的刘力一语中的，把王老太逗得眉开眼笑。顽固的老太太，竟然骂她丈夫是"老顽固"了。这时，王老太已完全放松了警惕，刘力几乎成了她最受欢迎的客人。她邀请刘力参观她的鸡舍。年轻推销员跟着刘力，第一次走进了王老太的家。在参观的时候，刘力注意到，王老太虽然不愿买自动化养鸡设备，但仍在鸡舍里安装了一些各式各样的小型机械，这些小型机械能够省时、省力。刘力是一位"诚于嘉许，宽于称道"的高手，每走到一件小型机械前，他都用不同的语言、声调，适时适度地给予赞扬。就这样，一边赞不绝口地参观，一边轻松愉快地闲聊。在不经意中，刘力"漫不经心"地介绍了两个新品种饲料，谈了某个养鸡的新方法，然后又"郑重其事"地向王老太请教了几个有关养鸡的问题。

"内行话"，对养鸡这个"共同事业"的熟悉，缩短了他们之间的距离。双方越谈越投机，王老太竟然毫无保留地与刘力先生交流起养鸡的经验来。

两个星期过后，王老太那些美尼克良种鸡在电灯光的照耀下，满意地咯咕咕咕地叫唤起来，刘力推销了产品，王老太太收获了更多的鸡蛋，双方皆大欢喜。

在本例中，可以肯定，刘力的养鸡知识与王老太不在同一水平。在理论上，他比王老太太懂得多得多。真的要他谈养鸡，他可以口水直喷，大谈特谈。但那样做有什么用呢？能把自动化养鸡电器设备卖出去吗？也许，你谈得越多，对方就越不肯买你的产品。刘力的目的是推销电器，所以只要"漫不经心"地随便谈一谈，引起王老太的兴趣，让她畅所欲言，就够了。

集编剧、导演、演员于一身的刘力，在演出这幕推销话剧时，一切都围绕着"推销自动化养鸡电器设备"这个中心。只要王老太絮絮叨叨不停地说，刘力总有机会把话题引到"电器"上去。推销大师一流的推销技巧，以及无与伦比的语言艺术，使刘力与王老太沟通得水乳交融，等到王老太感觉刘力先生是一个诚实可信的正人君子时，生意就水到渠成了。

上述案例是一个标准的用结构化表达的流程与客户进行沟通，从而达到说服目的的精彩过程。下面让我们通过这个案例看看如何做好与客户沟通的准备工作，熟悉一下每一步具体的操作要点。

1．分析情境

这是我们在拜访客户前必须提前做好的功课，在和客户见面前要先做好受众分析与情境分析。

（1）受众分析

受众分析的要点包括：

- 谁是我的听众？
- 他们是哪类人？个性？受教育水平？年龄？地位？
- 他们对我的信息内容可能如何反应？
- 他们对我的信息主题已经了解多少？很多？较少？不知道？比我本人了解的多还是少？

比如上面的案例中，刘力就很好地分析了受众王老太的情况，她受教育程度不高，但是对于自己有足够的自信，不愿意接受新事物，比较固执和保守，对于公司所提供的自动化养鸡设备比较抵触，根本就不信任。面对这样的受众，如果目的性太明确，开始就说明来意，直接介绍公司的产品，势必被拒之门外，因此必须采取迂回的沟通方式。

（2）情境分析

情境分析的目的在于寻找传递信息的最合适的地点和最合适的时间。情境分析的要点包括：

- 客户将在何地收到我的信息？

- 在什么时候将关键信息传递给客户效果最好？

比如刘力确定了拜访客户的场地在王老太的工作地，即鸡舍，这样做的好处是可以很快找到对方感兴趣、自己又擅长的话题——如何养好鸡。在选择传递信息的时机时，刘力的策略是不断试探，通过观察、提问和交谈了解王老太的偏好，并不失时机地对之进行赞美，在获得王老太的充分信任和认可后才试探性地传递公司的产品信息。

2. 确定目标

在分析完沟通情境以后开始确定具体的沟通目标，因为受众不同沟通目标可能存在较大差异。比如上述案例中，刘力分析了沟通情境以后，根据王老太的特点，确定的主要沟通目标大致是：通过拜访，让客户消除对于公司及公司产品的抵触情绪，在以情感人的基础上拉近与客户的距离，从而让客户对公司和公司的产品产生初步的信任感。

127

在这种沟通情境下，如果把向客户销售公司的产品作为沟通目标则可能欲速则不达，起到适得其反的效果。

3. 拟定框架

在这一步骤中，拟定框架的出发点是先确定沟通的主题是什么，即发出什么样的新信息会引起对方的疑问或者兴趣？设计好的主题将吸引受众的注意力。通常而言，人们会对以下信息感兴趣：

- 对自己所不知道的内容产生疑问或者兴趣；
- 对与自己切身利益相关的内容产生疑问或兴趣；
- 对大多数人都在关心的热点内容产生疑问或兴趣。

比如上面的案例中，刘力分析了虽然王老太对公司产品不感兴趣，但是一定会对自己的养鸡事业感兴趣，比如自己的鸡养得如何、如何能够把鸡养得更好等问题，而刘力刚好抓住了这一切入点，从赞美出发，让王老太放松戒备，再以养鸡事业为共同话题，从而获得了王老太的认可。

4. 预计问题

客户在接收到新的信息后必然会产生一些疑问：比如"为什么会这样""怎样才能这样"或者"为什么会这么说"，对于这些常见问题可以事先就先想好答案。

在预计问题时，应具备换位思考的理念，设身处地地站在对方的角度去思考，即"如果我是他，处在他的立场，我会如何看待这个问题，又会如何处理这个问题"。实际上，也就是要理解对方的认知层次，想要干什么，欲达到何种目的，希望得到什么样的帮助，这样才能分析清楚对方的需求，并准确预计问题，做到有备无患。

比如刘力去敲开王老太的门的时候，为了避免开始就遭到拒绝，因此解释说自己是来买鸡蛋的，他预计到了王老太肯定不相信，于是在王老太质疑时迅速就进行了解释，说明为什么要到王老太家买鸡蛋，从而自然而然地开始了对王老太的赞美。

5. 回答问题

在回答客户问题的过程中,可以一方面向客户传递新的信息,另一方面通过回答问题进一步说服客户,打消客户的疑虑。

比如刘力在回答王老太的问题"你为什么不吃自己家的鸡蛋呢"时,刘力回答说"我养的鸡下白色的蛋,您养的美尼克鸡下棕色的蛋。您知道,棕色的蛋比白色的蛋,营养价值要高一些,我要买一些给太太吃。"这样的回答让王老太深信刘力是来买鸡蛋而不是来推销的,而且刘力也是养鸡行家,这使得王老太对于来自行家的赞美欣喜不已,而且更加相信来自于刘力的建议,因此谈话能够轻松、愉快地进行下去,在后面的一问一答中更是提升了刘力在王老太心目中的可信度。

4.3 用结构化思维事先准备好回答问题

在与客户沟通的过程中也必须考虑到客户可能需要知道的方方面面,提前做好回答问题的准备。在陈述过程中,如果准备充分,能够流畅回答对方的问题,则容易获得客户的信任,并让其对产品产生兴趣。应用结构化思维的基本理念,站在换位思考的基础上,可以预先估计到客户提问的思路和逻辑,从而进行充分的准备。

1. 知己知彼:分析对方提问的逻辑

客户很多时候对于你的方案是持怀疑态度的,对方提问的常见逻辑是：

- 为什么？

- 例如？

- 真的是这样吗？

比如你在给客户介绍某个产品时说：这个商品会卖得很好。对方往往会问：你这么说的原因是？用这样的提问了解你的主张中的因果关系。通过你的进一步解释来判断你所提供信息的真实性。

那么，这个时候如果提前按照"因果关系"、"例证"和"价值基准"的框架准备回答问题就可以从容面对了，如图4－5所示。

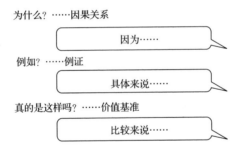

图4－5　准备回答问题的框架

比如以上情境中，你说这个商品会卖得很好，客户追问你这么说的原因是什么，这个时候按照图4－5的框架准备回答问题，你可以说："因为在现有市场上这个商品目前没有同类竞争对手。"

对方如果继续追问："是这样吗？"

你可以拿出例证："有很多客户买了以后不久就会介绍他的

亲戚朋友来买。"

客户再继续追问:"真的是这样吗?"

你可以继续给出基于价值基准的解释:"上市两个月以来该产品每周的销售量以平均50%的速度递增。"

所以按照以上框架准备信息,当被客户反复追问时,我们就不会毫无条理、语无伦次了。相反我们应用以上框架应对客户的追问,在从容和自信应答之余,也可以轻松收获他们的信任。

2. 有备无患:调用5W2H思维模型设想问题

为了说服客户,用户思维很重要,要能够站在用户的视角去思考用户关注什么,可能有什么样的疑问。

案例:钓鱼的前提是像鱼那样"思考"

小明小时候经常跟着父亲去钓鱼,每次父亲都钓到好多鱼,自己却常常空手而归。他很好奇,询问父亲原因:"为什么我总是钓不到鱼?是有什么诀窍吗?"父亲说:"孩子,不是你的钓鱼方法不对,而是你的想法不对。要钓到鱼,就要像鱼那样'思考'。"

什么是像鱼那样"思考"?当时的他并不能理解,时隔多年,他才有所领悟。原来,由于鱼的各种特殊生理特征,以及水的维度和深度、阳光的强弱以及水草的分布等都决定了鱼可能更倾向于在哪些地方集聚,而不是只要有水的地方就有鱼。所以只有了解鱼的习性,能像鱼那样思考,才可能准确判断鱼会待在哪里,才有可能钓到鱼。

131

因此，只有换位思考，从客户角度出发分析说服重点与逻辑，才有可能抓住客户的心。

站在客户的角度，调用 5W2H 思维模型问自己：如果我是客户，根据我目前的位置和职责，面对产品介绍或者方案推介，我会有哪些问题？然后逐一把这些问题写下来，草拟问题的答案，这样才可能把问题考虑得更加全面和准确，在面对客户时信心也会更足。

比如你想说服客户使用你们公司开发的新自动化办公系统，按照 5W2H 的框架可以事先设想客户可能提出的以下问题（图 4-6）：

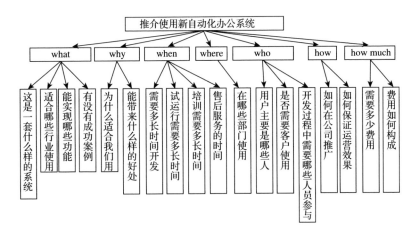

图 4-6　按照 5W2H 的框架准备问题清单

只要做好了回答客户问题的充足准备，在客户提出这些问题后，你能够围绕这些问题站在客户立场侃侃而谈，则说服客户的成功率会大大上升。

4.4　在讨论中引导客户说 yes 的技巧

很多时候我们想让客户接受我们的观点，成功说服他们采纳我们的方案，但是如果表达过于急切，不考虑客户的情况，直接表达自己的想法可能会适得其反，那么在讨论时建议按照图 4-7 的框架组织思路。

图 4-7　引导客户同意的讨论框架

以上框架也是换位思考的体现，在揣摩客户想法基础上，寻找突破点。具体而言，可以从以下五方面入手。

133

1. 投其所好

投其所好也就是从对方的利益点出发，从这个突破点出发是最基本的，也是最管用的。

案例：这双鞋是最后一双了

比如有顾客来店里买鞋子，试穿后很满意，想买下来，这个时候顾客往往会说："这双我要了，拿一双新的出来吧。"

而此时这个型号和尺码的鞋只有这一双了，如果直接说出来："抱歉，这双鞋只有这一双了。"这样说出来，顾客可能会如何想呢？他可能会一下子产生"是别人挑剩下的吧""恐怕有很多人试穿过"的印象。

如果在回答问题前揣摩过顾客的心理，店员可以回答说："这种鞋子今年卖得特别快，非常受欢迎，您运气挺好的，这是最后一双了。后面什么时候进货还不清楚呢。"

听到这样的回答，顾客此时会怎么想呢？大概会产生"这双鞋这么畅销，我的选择应该不会错""最后一双了，不买就没了"的想法，如此一来，店员抓到了"投其所好"的突破口，打消了顾客的疑虑，更坚定了他的购买决心。由此可见，传达同样的内容，如果使用不同的措辞，对方的接受方式和行为就会发生变化。

再看以下的例子：

案例："投其所好"的"措辞菜谱"

在某个航班上分配供餐时，开始由于乘客大多优先选择牛肉的，所以导致鱼的大量剩余。

此时经验丰富的空姐开始这样向乘客介绍菜谱："机内供应以优质香草、富含矿物质的天然岩盐和粗制黑胡椒嫩煎而成的白身鱼以及普通牛肉。"

这样一来引导乘客感觉鱼的可能更好吃。果然当菜谱的宣传改变后，绝大多数乘客都主动选择了鱼的，这一"投其所好"的"措辞菜谱"有效说服了乘客。

如果空姐不及时改变措辞，任其发展下去，则当牛肉分发完毕，面对乘客只能告知"对不起，只剩鱼了"，这样会让乘客感觉到自己简直成了废品回收站，哪里还有吃东西的心情。改变了措辞，让乘客心甘情愿地主动选择鱼，这样乘客的体验就大不一样了。

2. 胁之以灾

人都是趋利避害的，这里"胁之以灾"主要是通过传达可能带来的坏处警示对方，让其意识到这样做会承担什么样的风险。这个突破口威力强大，但是也有一定的胁迫性，所以用的时候也需要慎重。

案例：如何让孩子安静下来

某天傍晚的一个家庭餐厅里有一帮带着孩子的妈妈，还有很多工薪族。店员小齐很伤脑筋，因为这群孩子不光吵闹，甚至还离开座位，在地上跑来跑去。

小齐来到孩子们的妈妈桌前，向正在愉快交谈的妈妈们提出请求："为了避免打扰其他客人，可否请你们让孩子坐在座位上？"

这句话说完，妈妈们只是向小齐瞥了一眼，然后就若无其事地继续谈论学校老师的闲话了。小齐希望她们管管孩子，而不是闲聊。

店长注意到店里的吵闹，从后厨走了出来。听小齐讲完情况，店长来到妈妈帮面前说："刚做好的菜很烫，如果端出来的时候被撞撒了，会给孩子造成很严重的烫伤。可否请你们让孩子回到座位上？"

妈妈们先是面面相觑，随后不是喊孩子回到座位上，就是自己起身去接孩子。这就是"胁之以灾"的措辞突破口。

妈妈们就算不在乎孩子会打扰到其他客人，也不希望孩子被烫伤。小齐对店长的措辞及其效果感到十分震惊，而店长则微笑着返回了厨房。

3. 授之以权

授之以权的关键要点在于，给客户两个合适的选项，一方面让客户感觉选择自由，另一方面是无论客户选择哪一个，销售人员都能达到目的。

案例："要不要来份甜点?"

在餐厅刚吃完饭的客人，听到侍者问"要不要来份甜点?"如果是喜欢甜食的人，可能就会要一份甜点，但不是特别喜欢甜食的人，大概就不会要。在这种场合下，有种措辞能顺利卖出甜点，从而提升销售额，那就是：

"甜点有芒果布丁和抹茶冰激凌，您要哪种?"

这样一问，有些顾客就会不假思索地做出选择，比如"要哪种呢……芒果布丁!"面对两个乃至更多的选项，一般人都会下意识地从中做出选择。甜点的利润较高，所以餐厅希望尽可能多的客人会点甜点。此时只需要稍微改变店员的措辞，就能提高销售额。

如果这个时候将选项改为"吃甜点还是喝茶"，一旦对方选择"茶"，餐厅赚到的钱可能少了很多，而如果选项是"芒果布丁"或"抹茶冰激凌"，则餐厅都能赚到不少，所以要让顾客从这两个选项中做出选择。

归根结底，通过赋予顾客足够的"选择自由"，让对方产生"自主选择"的意识，虽然是主动选择却仍然能让销售员达到销售的目的。

4．抬其身份

人都喜欢被重视的感觉，这种"被认可欲"，也可以解释为心理学上的"尊重需求"，即"一个人能做出与他人的期待相对应的成果"。

商务人士自不用说，主妇、学生、老人通通如此。一个人得到别人的认可，就会产生回应期待的欲望。在这种情况下，哪怕是有些麻烦的请求，对方也会欣然接受。

案例：过马路的故事

王璐想领着三岁的外甥过马路，可是外甥不愿意牵手，而那条马路上车来车往，甚至还有大卡车。

"这里很危险，拉住我的手。"王璐说了很多遍，可外甥每次都说"不"，就是不牵手。看来外甥不想被当成小孩子对待，尽管他明明就是个小孩子……

信号灯又变绿了，可两个人仍旧站在原地。王璐望着再度变红的信号灯犯愁。很快，她调整了说法：

"我一个人很害怕，你能不能拉着我的手一起过马路？"

她反过来把外甥当作大人对待了。结果，外甥很开心地牵住了她的手。

在这个小故事中，王璐利用了"抬其身份"作为突破口。外甥喜欢自己被当成大人对待，于是就变得主动牵手了，而王璐也如愿地牵起了小外甥的手，放心地过了马路。

所以，为了满足顾客的"尊重需求"，必要时我们可以通过适当示弱的方式对顾客"抬其身份"，从而获得对方的支持和配合。

案例：我真的是 A 公司的 VIP 吗?

我是 A 公司的粉丝，从计算机到手机的各种设备都是在 A 公司买的。

由于经常外出，这些设备难免会出一些故障，于是我询问 A 公司的客服中心，得到的答复是符合条件就可以免费更换。但是，A 公司的客服并没有像下面这样说：

"我们会免费为您更换。"

他们说的是：

"我们只为一直支持本公司的 H 女士您免费更换。"

听对方这样说，我很开心。原本是对故障的投诉，可是客服如此应对，反而使我产生了"享受到了特殊服务"的良好印象，甚至仿佛只有自己占了便宜，于是不禁觉得"啊，A 公司真不错!"

"非你不可"的说法真的非常有效，让我感觉只有我自己得到了 A 公司客服中心的特殊待遇。于是我购买了更多 A 公司的产品，也总是将 A 公司推荐给朋友。

有一次，当我把这件事讲给朋友听时，朋友说：

"我在 A 公司换机器时，对方也是这么说的。"

我很惊讶，就上网调查，发现 A 公司的客服对所有人都是这样说的。我还看见网上有人留言说："A 公司的服务实在太棒了！"

在当今这个互联网时代，好的口碑会逐渐传开，而差评也是如此。

像 A 公司这样认真对待与顾客的交流，即使提供的是完全相同的产品和服务，特别的措辞使顾客产生高度的好感，很有一种被重视和受尊重的感觉，自然会成为 A 公司的粉丝。

5. 与之同伍

喜欢和别人一起做事，本来就是人的本能。"一起"这种说法，本身就令人愉快。利用好这种本能，就算是麻烦的请求，也容易说动对方。

找到客户的共同点，成为一个阵营的人，以站在一起并肩作战的方式说动对方接受请求。

比如向客户推介母婴产品，可以从自己是一个母亲说起，在养育孩子过程中碰到了哪些问题，自己如何去解决这些问题，然后让客户感觉你与她们是同一个团队的人，大家将一起解决育儿过程中的问题，从而获取她们的信任与支持。

4.5 智能导航：与客户沟通的常用框架

1. FABE 框架

(1) 什么是 FABE 框架

FABE 框架是一种说服性的销售过程。销售人员在引导顾客消费时，首先要说明产品"特点"，再解释"优点"，然后阐述"利益"并展示"证据"让顾客相信。这是一个循序渐进地引导顾客的过程，如图 4-8 所示。

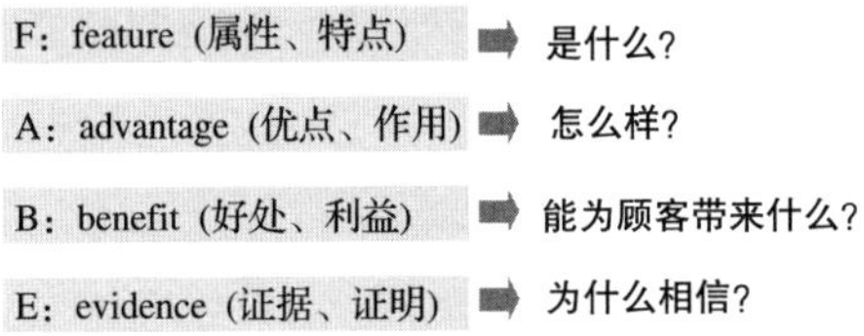

F: feature (属性、特点) ➡ 是什么？

A: advantage (优点、作用) ➡ 怎么样？

B: benefit (好处、利益) ➡ 能为顾客带来什么？

E: evidence (证据、证明) ➡ 为什么相信？

图 4-8 FABE 框架

在图 4-8 中：F 代表特点（feature），即产品的特质、特性等最基本的功能，以及它是如何用来满足我们的各种需要的。一般通过从产品名称、产地、材料、工艺定位、特性等方面去挖掘产品的内在属性，找到产品的差异点和特性。

A 代表由产品的特点所产生的优点（advantage），即产品已有的特性究竟发挥了什么功能？与同类产品相比较，该产品的比较优势，通过陈述向顾客证明"购买的理由"。

B 代表利益（benefit），即产品的优势能带给顾客的利益。利益推销已成为推销的主流理念，一切以顾客利益为中心，通过强调顾客得到的利益、好处激发他们的购买欲望。

E 代表证据（evidence），包括技术报告、顾客来信、报刊文章、照片、示范等，通过现场演示或出示相关证明文件来印证刚才的一系列介绍。所有作为"证据"的材料都应该具有足够的客观性、权威性、可靠性和可见证性。

在实际应用中，FABE 框架也可以省去 E，也即采用 FAB 框架，依次介绍产品的特点、优点和利益。

（2）如何应用 FABE 框架

1）选用具有吸引力的叙述词

选用具有吸引力的叙述词将 FABE 框架连接成一句话，比如：

举例：介绍沙发

"先生，请你先看一下。"

（特点）"因为我们这款沙发是真皮的。"——真皮是沙发的属性，是一个客观现实。

（优点）"先生您坐上试试，它非常柔软。"——柔软是真皮的某项作用。

（利益）"您坐上去是不是比较舒服？"——舒服是带给顾客的利益。

（证据）"今天上午有位先生，就是因为喜欢这一点，买了这款沙发，你看（拿过销售记录），这是销售的档案。"——这里采用的是顾客证据，证据对顾客的购买心理有很大的影响。

2）以利益陈述为重点

使用 FABE 框架时，可以省掉特征或功效以及证据，任何编排都可以，但唯独不能省略利益"B"，否则将无法打动顾客的心。如：

FABE　ABFE　BEAF　BFE　BAE　BE　FB……

要意识到产品的利益才是顾客最关心的。不能一味地站在推销产品的立场上介绍产品的特征，试图说服顾客，应该说明产品的特征与顾客需求的关系，即产品的利益。对于产品为顾客带来的利益，不能指望顾客自己联想，要直接介绍产品利益。

3）证据要有说服力

要拿出有说服力的证据对产品可以为顾客带来的利益进行证明。比如以冰箱的省电作为卖点，在证明冰箱确实省电时，可以拿出说明书，也可以拿出已有的销售记录。

总之，只有明确地指出利益，并列出有说服力的证明，才能打动顾客的心。

2．AIDA 框架

（1）什么是 AIDA 框架

我们在尝试着说服客户接受我们的产品或服务时，经常会采用这样一种方式：简单地告诉别人我有一项还不错的产品或服务，问对方要不要试试看。这种方法，只是简单地把想说的话表达了出来，并没有尝试着去建立产品和对方之间的关系，对方压根儿就不知道这项产品对他究竟有什么好处，能够解决他的什么问题。

面对上述情况，建议采用 AIDA 框架，也被称为"爱达法则"，可以解决你在介绍产品时，不知道该说什么的问题，并且激发对方的兴趣，该框架的具体流程如图 4 – 9 所示。

图 4 – 9 AIDA 框架

（2）AIDA 框架的应用

按照 AIDA 框架，说服客户的四个步骤如下。

步骤一：吸引对方的注意力（A）

面对客户开始推介产品时，我们首先要引起客户的注意，即要将客户的注意力"集中到你所说的每一句话和你所做的每一个动作上"。有时，表面上看，客户显得很专注，其实，客户心里正想着其他的事情，因此在沟通时首先要帮助客户集中注意力。具体的做法包括：

第一，保持与顾客的目光接触。"眼睛看着对方讲话"，不只是一种礼貌，也是沟通成功的要诀。让客户从你的眼神上感受你的真诚。只要客户注意了你的眼神，他的整个心一定会放在你的身上。

第二，用语言吸引顾客。通过直接告诉顾客可能带来的利益吸引他们。正如"电梯游说"案例中所提到的，在 30 秒钟的陈述中，首先告诉客户本方案可以带来的直接利益是 6 个月内将使市场份额提升 50%，这会直击对方的利益需求点，就可以使他的注意力集中起来。

第三，利用"实物"或"证物"。如果你的产品十分独特，或者是外观非常美观，非常吸引人，先把产品给对方看，减少语言的介绍，通常容易吸引人的注意力。比如卖削毛豆机，先把机器拿出来，先摇一下，一按，呜呜，毛豆削出来了，就容易引起人的注意。

第四，引起惊恐。由于逃避恐惧也常常是客户的购买动机，这个时候可以激发他们的恐惧。比如养老保险的销售员，拿出一张照片给客户，照片上有一个单薄的老人，拄着拐杖，在秋风瑟瑟中摇摇欲坠，眼睛中展现迷茫孤独的目光。这个时候就可以跟客户说：这是我的一个朋友，我以前劝他买养老保险，他不买，结果现在生活特别痛苦。再比如，销售消防器材时，准备一些被火烧后的各种各样惨状的照片，让客户直观地看到不准备消防器材的严重后果。

步骤二：引起兴趣认同（I）

假如客户能够满怀兴趣地听你的说明，则客户一定认同你所推介的商品或服务，而你的努力也不会白费。

推介时，要选对客户。向不需要你的产品的客户推销，你所做的努力必然没有结果。有时，碰到主动前来问价的顾客，显然，这类顾客对你所推销的产品已经有了需要。这时你最急需做的事是，找出他的需要到底是什么？然后强化他的需要，引起他对产品的兴趣和认同。

在这个阶段，可以根据情境和客户的特点采用诸如示范表演法、情感沟通法等多种方法，以引起客户的兴趣和认同。

该阶段与第一个阶段"集中客户的注意力"相互依赖；先要集中客户的注意力，才能引起客户的兴趣；客户有了兴趣，他的注意力将越来越集中。

步骤三：激发购买欲望（D）

当客户觉得购买产品所获得的利益大于所付出的费用时，客户就会产生"购买的欲望"。

首先，应使顾客对产品和购买利益有充分的认识。

其次，使顾客认识到自己具有某种需求，而推销的产品刚好能满足这种需要。

最后，用充分的说理和证据使顾客认为购买决策是正确的。

一位销售人员唯有具备丰富的产品知识、熟悉产品的特色和了解客户的行业规矩及作业方式，才能在推销中成功地激发客户的"购买欲望"。

所谓"具备丰富的产品知识"，指的是对产品的各种特色有相当的了解。"产品的特色"的含意是：与同类产品相比，有明显不同的地方。

一种方式是可以让对方想象自己的需求被满足之后是怎样的一个场景，想象的画面越生动越具体越好。另外一种方式是给对方制造恐惧，让对方产生对产品拥有的欲望。

比如广告上的一个经典案例"怕上火喝王老吉"，该广告就是运用人们对于怕上火的恐惧来制造刺激。

步骤四：促使客户购买（A）

第一，在这个阶段可以采取"假定客户要买"的说话心态。不要直接问客户"你想不想买？"，而是问一些小问题，比如"你需要多少？""你喜欢什么颜色？""下星期二交货可以吗？"等，以此逐步诱导客户采取"购买"的行动。

第二，通过说一些"紧急情况"促成客户早点做出决定，比如"下星期一，价格就涨了""只剩最后一个了"等信息会使客户觉得要买就得快，不能拖延。

第三，针对客户的顾虑，销售人员可以采用"说故事"的技巧，把过去销售成功的事例当作"故事"说给客户听，让客户了解他的疑虑也曾是别人的疑虑，这个"别人"在买了产品、经过一段时间的使用之后，不再有所疑虑，而且还受益良多。"故事"能增加客户对产品的信心和认同，进而采取"购买"行动。但是"故事"不能"凭空捏造"，要有根据——如客户的感谢函或者传播媒体的赞誉等。

综合以上步骤，下面看一个情境案例：

案例：AIDI 框架应用于暑假课程推广

小陈在一家少儿机器人机构当老师，上周六，校长要求他们这个校区的老师到周边小区内进行地推活动，开始暑假班招生。

第一步：吸引对方的注意力

她和同事们到小区内安顿好之后，在桌子上放了一只可以编程的小老鼠，用来吸引小朋友们的注意力。路过的小朋友都挺感兴趣，还有一部分趴在桌子面前开始玩起来。

第二步：引起兴趣认同

当有家长过来咨询的时候，他们向家长介绍机构的课程设计体系，并告知家长以下两个要点：

第一，少儿编程课程可以锻炼孩子们的精细化思考的能力，因为在编程的过程中需要孩子把自己的具体做法，如第一步要做什么、第二步要做什么分析清楚。孩子在学习数学的过程中，做应用题时使用的就是这种能力。

第二，我们不光引导孩子思考，还会引导孩子进行表达，把自己的想法全部用语言表达出来，所以说还可以锻炼孩子的表达能力，对于孩子写作文也特别有帮助。

第三步：激发购买欲望

通过以上交流，家长意识到如果让孩子报名学习编程课程，孩子不仅可以掌握一项新的技能，还可以同时提升语文和数学成绩，这样的学习是物超所值的。

第四步：促成购买

在家长心动以后，小陈他们又提供了以下信息。

我们现在推出了暑期特惠课，500 元可以上 10 次课。我们校区还有全年班和体验课，其中全年班的价格比较贵，如果报名之后您觉得不满意，再退费会有比较大的损失。如果只是上体验课虽然比较便宜，但只有两次课，短期内难以看到学习效果。暑期课程，一个月的时间不仅可以让您看到孩子的学习效果，还可以避免报全年班不满意退费的情况。现在就剩下十几个名额了，您要不要试试看呢？

147

总之，爱达（AIDA）框架的魅力在于"吸引注意，诱导兴趣、刺激购买欲望和促成购买"，整个过程体现了销售人员缜密的结构化思维和娴熟的结构化表达技巧。

3. SPIN 框架

（1）什么是 SPIN

SPIN 框架是美国辉瑞普公司经过 20 年，通过对 35000 个销售对话以及销售案例进行深入研究，并在全球 500 强企业中广泛推广的一种顾问式销售，它的特点体现在以原则为基础，对事不对人，着重于双方的利益而非立场，寻求双赢的解决途径，而不违背双方的认可。

客户的需求包括明显性需求和隐藏性需求，前者指客户能将其要求或期望做出清楚的陈述，后者指客户经常以抱怨、不满、抗拒、误解做出陈述，如图 4-10 所示，比如下面的例子。

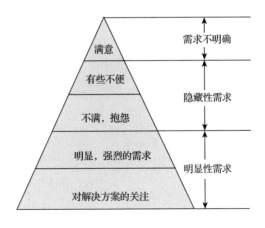

图 4-10　客户的需求层次

隐藏性需求：这相机拍特写模糊了点。

明显性需求：我希望有一台携带方便又能拍特写的相机。

隐藏性需求：这双跑步鞋一遇水就从鞋面渗透进去了，让我很难受。

明显性需求：我想要一双透气但不渗水的跑步鞋。

想要将客户的隐藏性需求转化为明显性需求，需要引导他们对问题点有新的认识，将其抱怨、不满和误解具体化，将客户的自身利益与是否解决此需求进行紧密联系，并让他们从解决方案中知道解决问题后的利益。

这一过程可以用 SPIN 框架实现。SPIN 是在营销过程中职业地运用实情探询、问题诊断、启发引导和需求认同四大类提问技巧来发掘、明确和引导客户需求与期望，从而不断地推进营销过程，为营销成功创造基础的方法，如图 4–11 所示。

149

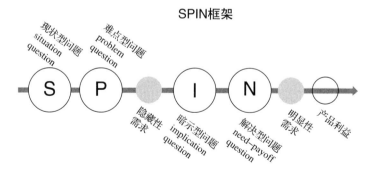

图 4–11　SPIN 框架示意图

SPIN 框架的原理为客户在判断是否购买时，往往会在"问题的严重性"和"对策的成本"中间徘徊，客户不知道是否有问题，问题是否严重，是否需要立即解决。

此时通过 SPIN 框架进行提问和引导，让客户重新审视自身的问题，使其认识到自身问题的严重性和紧迫性，他们会更多向"问题的严重性"一方倾斜，从而产生购买行为，如图 4 - 12 所示。

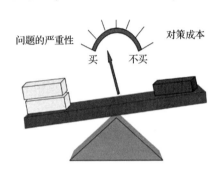

图 4 - 12　客户购买决策过程

（2）如何使用 SPIN 框架

SPIN 框架的关键在于按照图 4 - 11 分四步进行提问，一方面要注意每种提问的技巧，另一方面要善于从客户的回答中寻找有益的信息，以方便进行下面的提问。表 4 - 1 总结了 SPIN 框架中四类问题的具体使用技巧和要求。

表 4 - 1　SPIN 框架的使用要求

问题类型	定义	功能	举例	执行要点
S（现状型问题)	收集有关客户现状的事实、信息及其背景购买能力的问题，拟定未来沟通方向	发掘客户潜在的难题或不满	1. 你们这个工厂生产什么样的传真机 2. 激光传真机用哪种进纸器	1. 事先做好准备工作 2. 问题要有针对性 3. 以开放性问题为主

（续）

问题类型	定义	功能	举例	执行要点
P（难点型问题）	询问客户现在的困难和不满的情况	引导客户说出潜在需求，引发客户隐忧，推动销售的开始。	您现在只有一个孩子，而且孩子又没在身边，现在身体还行，但是将来年老、身体需要有人照顾的时候，孩子又没在身边，有没有想过该怎么办呢	发现客户面临的难题、困难或不满等问题，再根据这些问题进一步挖掘深层次的痛苦，让客户产生行动
I（暗示型问题）	关于买方难点的结果和影响的问题	加大问题的紧迫性，加深客户对于潜在需求的不满意，逐渐把潜在需求转化成明确需求	如果你在高速路上行驶，而且轮胎的表皮已经磨损，可能会发生什么样的情况呢	1. 难度很大，需提前策划 2. 让客户想象现有问题带来的后果
N（解决型问题）	询问所提供方案的价值和意义	让客户把注意力从问题转移到解决方案上，并且让客户感觉到这种解决方案将给他带来的好处	如果有一种方式既能够解决您父母的养老与照料，又不会影响您现在的工作与生活，您会不会感兴趣呢	1. 避免过早提出解决型问题 2. 能够给出客户超出预期的利益

151

总之，按照 SPIN 框架与客户沟通，将有助于实现以下目的：

- 有效判断顾客的隐藏性需求；

- 将隐藏性需求引导为明显性需求；

- 将明显性需求与产品或方案的利益相关联；

- 有效地将顾客的明显性需求转化成对解决方案的渴望。

案例：SPIN 框架在销售海信冰箱中的应用

下面我们看看海信冰箱的销售顾问与客户之间的一段对话，理解销售顾问是如何应用 SPIN 框架实现冰箱销售的。

销售顾问：欢迎您，需要我为您做点什么吗？

客户：是的。

销售顾问：您以前用什么牌子的冰箱？

客户：美力行。

销售顾问：美力行挺不错的，最近几年上市的品牌，您使用了多长时间了？

客户：四年了。

以上为 S（现状型问题）。

销售顾问：那么这四年下来，整体使用体验如何？

客户：一般，价格确实便宜，可是耗电量大。

销售顾问：耗电量大，在平时的使用中产生了什么问题呢？

客户：当然是大笔的电费支出了。

销售顾问：除了耗电量大，您在使用时还有其他方面的问题吗？

客户：保鲜效果不好。

以上为 P（难点型问题）。

销售顾问：保鲜效果不好，会带来什么影响呢？

客户：我工作比较忙，通常会在周末买大量的食物放在冰箱里，可是没到一周，东西就腐烂变质了。

销售顾问：是啊，东西变质了肯定要扔掉，这样会使您的日常无谓支出增加，对吗？

客户：是啊，这就是我不满意的原因，后来我就干脆不在冰箱里储存东西了，工作忙我就在外面解决吃饭问题。

销售顾问：在外面吃饭，又会增加您的日常开支，是吗？

客户：是的，在外面吃饭的花销是在家里吃饭的 3 倍还多。

销售顾问：而且在外面吃饭，饭菜的卫生往往无法得到保证，这样对您的健康有什么影响呢？

客户：这也是我担心的问题，最近常常感觉自己的胃隐隐作痛。

销售顾问：如果您的胃真的有什么不适，需要到医院看病治疗，这应该也是一笔不小的支出吧？

客户：那是肯定的，现在看病费用都好高啊！

销售顾问：是的，难啊！不仅如此，它对您的工作也会有一定的影响吧？这会占用您的工作时间吧？

客户：是的，身体是革命的本钱，只有有了好身体，才有时间和精力更好地工作。

销售顾问：所以，您刚刚说，耗电量大，保险效果不好，会导致您很多无谓的支出，而且更重要的是，对您的健康和工作都会产生不利的影响。

客户：是啊！

以上为 I（暗示型问题）。

销售顾问：如果我们尝试找一些合适的冰箱来解决这些问题，对您有什么好处呢？

客户：电费支出减少，我还可以在家里吃到自己做的饭菜，身体会更健康。

销售顾问：身体好了，对您的工作有帮助吗？

客户：当然，这样工作才会更加有劲，效率才会更高。

销售顾问：假如我有办法解决这个问题，您需要我给您推荐一下吗？

客户：可以啊，这样更好。

以上为 N（解决型问题）。

本章思维导图

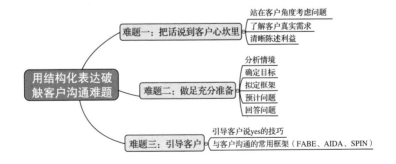

第 5 章

用结构化表达
破解讲故事难题

Chapter
Five

我们参加很多会议，总会碰到相似的情境：当一个嘉宾讲了1个多小时以后或者当时间过了中午以后，无论做报告的嘉宾有多么大牌，这个时候打瞌睡的观众、玩手机的观众就会开始急剧增多，此时正是考验嘉宾的关键时刻：如果不采取一定的行动扭转这一尴尬的局面，演讲效果就会大打折扣。

这时嘉宾用得最多的"撒手锏"是什么呢？就是讲故事。故事一出，那些原本垂头丧气的听众突然像打了兴奋剂一样亢奋起来，掌声和哄笑声迅速将演讲气氛推向高潮，瞌睡和分心立马烟消云散。

在这里我们可以领略到故事的穿透力，每次听人讲故事和自己讲故事，都是一次奇妙之旅，一个看似平凡的故事所产生的影响力远远超过我们的想象。人类有一种将个人经历故事化的倾向，抽象的道理以故事作为载体进行传播后会变得具体，令人更加容易接受。学会讲故事，能够提升自己的身价和个人魅力，打造个人气场。

5.1　为什么要善于讲故事

《时间简史》的作者尤瓦尔·赫拉利认为：人类最终成为地

球的主宰，秘诀在于人类能创造并且相信某些"虚构的故事"。虚构故事赋予智人前所未有的能力，得以突破人数的限制，集结大批人力灵活合作。农业革命让人能够开创出拥挤的城市、强大的帝国，接着人类开始幻想出关于神灵、祖国、有限公司的故事，建立起必要的社会链接。国家、法律、宗教、金钱、公司、商业市场本质上都是一种建立在信任基础上的虚构故事。正是因为当年智人会讲故事，并且讲得好，才让人类今天成了地球之主，走上了食物链的顶端。

为了让更多的人合作，便会有一些人不断制造抽象的概念甚至故事。一个公司也是如此，大领导讲大故事，小领导讲小故事。营销部门的领导讲营销的故事，后勤部门的领导讲后勤的故事，教育部门的领导讲教育的故事。至于公司的创始人，常常讲创业的故事。这些大大小小的故事，使得大家有了统一的认同和合作的基础，成为不同部门和公司维持稳定团队的关键。不会讲故事的领导是带不好团队的，不会讲故事的营销人员是卖不好东西的。一切公司理念、知识都是为巩固这些故事服务的。因此今天才有了阿里巴巴的故事、腾讯的故事等。

虚构故事构建的秩序提升了人与人的合作效率，打造出了各种组织和经济形态，强大的虚构故事往往具备了普世特征和推广特质，无论是个人还是企业的发展都要具备讲好和做好虚构故事的能力。

以故事来表达奇思妙想，从故事中学习，已经成为人类与生俱来的能力。美国的一项调查发现，个人生活中的小故事和小道消息占人们日常对话的65%。为什么人们会对故事这么感兴趣呢？这是因为：

第一，从认知科学的角度而言，大脑对故事反应存在固定的电路，大脑决定了人们喜欢用讲故事的方式进行交流。

第二，从心理学的角度而言，由于人类依靠各种故事和叙事架构来理解和规划自己的生活，因此人类不易记住数据，却更容易记住故事。正如卡耐基所说：好的故事能走入你的内心，触动你的灵魂。

5.2　好故事是怎样炼成的

案例：用故事回答问题

经常会有女生问自己的男友："你喜欢我什么？"这个问题其实很难回答，稍不注意就会让女生觉得很失望，让她们认为"你其实没有那么喜欢我，因为你都说不清楚喜欢我什么。"这个时候如果你能讲一个小故事效果就不一样了，比如你可以讲下面的故事：

"4年前的那个早上，我刚睁开眼睛，看到忙碌的你正在为我准备早餐，看到你的身影，我仿佛看到了天使，美极了，那个时候我就默默对自己说，这是我要用一辈子去爱去疼的女人。"

说完这个小故事，从后面紧紧抱住女孩子。

用了这个小故事，有理有据，形象生动，身临其境般的细节刻画一定会让女孩子听得激动不已、热泪盈眶，这个时候体现的就是故事独特的魅力。

其实说好一个故事是有套路的，如图 5 - 1 的结构所示。

图 5 - 1　好故事的结构

1. 主题

讲故事是一种沟通手段，为了实现某种沟通目的，因此无论是何种故事，它一定是围绕着某个主题的，比如为了说明某个道理，为了说服别人，为了论证自己的观点……主题也就是基于沟通目的的基本点，即讲这个故事所围绕的焦点是什么？围绕这个焦点自己想表达什么样的想法和观点？

任何一个故事都有相应的主题，图 5 - 1 中构成故事的其他要素都必须服务于这个主题，如果说主题是"是什么"或者"做什么"，那么其他元素如"什么时间去做""在哪里做""为什么要做""怎么去做"等都是服务于"是什么"或"做什么"这个核心的。因此，可以说主题是故事的灵魂。

既然故事中的任何其他因素，无论是环境、人物、悬念、情感还是冲突都是围绕着主题来打造的，这就要求讲故事的过程中一定要紧扣主题，注意以下问题：

- 第一，与主题无关的话没有必要去说。那些容易对主题造成误解和误导的话不要说,一切内容都要紧紧贴合主题,不能偏离方向。

- 第二,确保表达的统一性。不要出现前后矛盾的情况,也不要涉及其他主题,免得造成故事混乱,听众不知所云。

- 第三,在讲故事之前,先明确故事的主题。也就是说要明白自己为什么要讲这个故事,想通过这个故事传递什么思想,说明什么道理,表达什么价值观,避免泛泛而谈偏离了主题。

2. 环境

环境是故事发生的特定背景,包括社会环境和自然环境。社会环境是人物活动、事件发生、情节展开的社会背景,包括时代风貌、历史条件、风土人情、社会关系、紧急情况等,通过介绍社会环境可以揭示故事人物的生活背景,解释人物命运变迁的原因,反映种种复杂的社会关系。自然环境包括故事发生的地点、时间、季节、气候以及景物等,通过描述自然环境可以烘托人物心理形象,对表达人物的心情、渲染气氛都有积极作用。

无论是自然环境还是社会环境的描述,都必须与故事主题息息相关,极为细致地对环境进行描述,其目的往往是提升故事的真实性,强化故事的效果。故事如果只是简单说明发生了什么事,没有准确介绍时间、地点、个人身份和成长背景,整个故事会显得真实性不足,而且效果也会大打折扣。

在讲故事时,还要注意通过描述环境增强故事的画面感,引导听众进行感官的体验。将听众引入一个想象的情境中,给听众留下深刻的印象。比如，必胜客创始人弗兰克·卡尼曾说过："我们卖的不是牛排，我们卖的是牛排的嗞嗞响。"一听到这句话，我们的脑海里就能出现一幅画面，牛排的嗞嗞响是一种听觉的刺激，但是，我们却会产生视觉的联想、味觉的联想，甚至还有嗅觉的联想。

3. 人物

故事中一定会有至少一个主人公，缺乏人物设定，故事无从讲起。要讲好一个故事，一定要突出主人公的特点，以人物角色为支撑，传递故事的内在思想和价值观。

人物的设置可以是讲故事的人自己，也可以是讲故事的人所接触或认识的人。讲故事的人会通过叙述故事情节来实现塑造人物形象的目的，并且表达作者态度情感，体现自己的能力，从而提升自身的影响力和魅力值。在很多时候，也可以通过对其他人物角色的描述来反映某种特定的社会现象。

讲故事的时候，可以重点对相关人物的外貌、动作、语言、心理和神态进行描述，有关人物的描述，通常与环境（尤其是社会环境中的身份、地位、成长背景）息息相关，在描述人物角色时，会侧重描述人物形象的核心——思想性格，同时采取正面描写和侧面描写的方式，正面描写即常说的细节描写，包括外貌、语言、动作、神态、心理描写；而侧面描写即侧面烘托，主要通过其他人的言行反映人物的形象等。

161

4. 冲突

善于讲故事的人都知道，想要让故事更加吸引人，除了把握好主题以外，更重要的是在故事中制造冲突，这是确保情节曲折的需要。如果一个故事波澜不惊，从一开始到最后结束都是平平稳稳发展下去，那么故事就会过于平淡无奇，故事的精彩程度和吸引力也会大打折扣。因此故事要想吸引人，就要设计一些冲突，以此推进情节的发展和变化，而这些冲突也会增加故事的话题性和可读性，从而凸现故事的整个魅力。

因此，冲突是故事的一个基本因素，它是指两个因素在心理上、物质上（个人、情况、力量、需求、目的或者驱动力）发生对立的时候所产生的一种状态。冲突往往是被双方感知的，而且存在意见的对立或不一致，并带有某种相互作用。冲突是以对立的姿态存在的，并且相互纠缠、相互阻碍。英雄与反派、合伙与对抗、团结与分散，这些都是制造冲突的重要元素，人们可以奇妙地将这些元素融入自己的故事当中，确保情节能够更加吸引人。

对于整个故事而言，冲突通常会制造一些转折性的因素，使得故事出现波折，比如在原有的故事情节上，刻意制造一种对立的、竞争的局面；比如故事中的主人公与人发生争斗或者矛盾。接下来，主人公将会面临怎样的处境，经受怎样的考虑，人物关系又将发生怎样的变化，所有的一切都会造成情节上高低起伏的变化。

一个善于讲故事的人，注重通过情节的起伏刻意营造紧张的氛围，让听众自己去感受情节波动所带来的紧凑节奏及压抑的氛围。听众通过投入情感将感知情节的变化，随着听众与故事的情节产生情感共鸣，也会投入更多的情感和注意力到情节的冲突中，从而进一步沉浸于故事之中。

除了制造冲突和矛盾以外，制造突发性的危机也是推进故事曲折化的好方法，一些突发性事件会打破原有的局面，造成故事情节快速转变，这种转变会使故事的情节更加扑朔迷离，更能吸引听众的注意力。

一个成功的地产投资商曾经这样讲述自己曲折的投资经历："2006 年开始，我在美国投资房地产，销售量连续 15 个月上涨，公司的品牌形象也开始逐渐建立起来。可是到了 2007 年年底，由于次贷危机突然爆发，导致美国房地产行业陷入萧条，公司的业绩很快遭到重大打击，在那个时候，我几乎濒临破产。"

163

5．悬念

为了提升故事的可读性及观赏性，讲故事的人通常会设置一些悬念。悬念是指读者、观众、听众对文艺作品中人物命运的遭遇、未知情节的发展变化所持的一种急切期待的心情。作为一种重要的艺术表现手法，悬念通常在小说、戏曲、影视作品中出现。

悬念其实是利用了人们的好奇心，由于人们通常会对那些悬而未决和结局难料的安排充满着迫切的期待，而且当悬念未被揭晓时，人们会不断猜测和联想，因此会长时间保持对故事情节发展的注意力。同时，悬念还为情节的继续提供了指路标，确保故事紧凑而集中。随着故事情节的推进和发展，悬念的答案在逐渐浮出水面的过程中，往往能更好地塑造人物形象、突出主题。

通常有以下三种方式设置悬念：

（1）在故事开头设置悬念

先在故事开头打一个"结"，这个"结"往往是整个故事的主要矛盾或主要情节。这个"结"的存在主要是为了引起听众的关注，并且使他们迫切地想要了解到底发生了什么事，或者产生为什么会出现这样的事情的疑问。

不过对于讲故事的人来说，他们并不着急立即解开这个"结"，而是慢慢通过故事情节的发展积聚能量，然后等到合适的时机（主要是指主要事件充分展开、情节达到高潮、矛盾冲突达到最激烈状态）才解开。很明显，在故事开头设置一个"结"，容易将听众的心悬起来，确保他们能够关注情节的发展，从而将注意力放在故事上。

案例：这本书你读过了吗？

有位演讲者在演讲一开始时就设置悬念：140年前，伦敦出版了一本被公认为不朽的小说杰作，很多人都称它为"全球最伟大的一本小说"。小说出版之初，市民们在街头巷尾遇到朋友，都要彼此相问："你读过这本书吗？"答案总是一成不变的："是的，上帝保佑，我读过了。"

它出版的第一天，便销售了1000本，两星期之内销售了15000本，自那时开始，它数次再版，并被翻译成各国文字。几年前，银行家J.P.摩根以高价买到了这本书的原稿，它现在正与许多无价珍宝安憩于纽约市的美术馆里。

听到这儿时，你感兴趣了吗？你是否急于知道更多？你是否觉得这段开场白已经捉住了你的注意力，而且随着情节的发展又进一步提高了你的兴趣？为什么它能吸引你呢？因为它已激起了你的好奇。

说不定你正在好奇呢？你会问作者是谁？这本书叫什么名字？

就在听众急巴巴时，演讲者才点破谜底。

这部世界名著叫什么呢？它就是狄更斯 19 世纪 40 年代写的《圣诞欢歌》。

好奇是人的天性。对于一些超出自己想象的事物，人都有特别强烈的求知欲。因此，在你的一开始就要引起听众的好奇心，使他们对你产生兴趣并注意你的论题。

（2）在故事中间设置悬念

比如设置在故事的某个阶段或某一具体场面，作为事件整个链条的有机组成部分，讲故事的人需要将悬念精心编织到整个情节发展的过程中去，这样可以让故事更加扣人心弦。

案例：林肯通过讲故事说服农场主

林肯曾经试图说服一个刚刚被洗劫一空的农场主收留一个无家可归的孩子，他给农场主讲了这样一个故事：

"路易斯先生，我认识一个和您一样的农场主，不巧的是，他的名字也叫路易斯。他是一个非常孤僻的人，他不愿意参加社交，很少跟人打交道。有一晚上，他的农场被一群强盗'光顾'了，强盗们夺走了路易斯家里所有值钱的东西，只给他留下了一匹小马驹（恰巧，当时站在林肯面前的路易斯农场主也面临了一场洗劫）。"

讲到这里时，农场主路易斯急忙问林肯："后来发生了什么？那匹小马驹怎么样了？"

林肯继续说："可怜的路易斯不知道该怎么生活下去，他终日愁眉苦脸。最后，小马驹因为没有得到足够的食物和照顾而病倒了，路易斯终于意识到了事情的严重性，他决定振作起来。当时，他所有的家当就只剩下这一匹小马驹，如果把这匹小马驹养大，它就能为路易斯带来希望。于是，路易斯细心照料这匹马，两年之后，这匹马成为路易斯'咸鱼翻身'的筹码，他的马不仅为他做了很多力气活儿，还因为长得强壮漂亮而参加了赛马选拔赛，并获得了优异成绩。"

在这个故事中，林肯很巧妙地从路易斯（听者）身上找到了诱饵，提取了悬念（被洗劫一空，只剩下一匹小马驹，不知道该怎么度日）。这不仅可以吸引路易斯听故事，还能引导路易斯走入故事中，思考自己的人生。很显然，在故事里面，林肯将那匹小马驹比作是那个无家可归的孩子，意在让路易斯好好培养这个孩子。

在故事的关键地方设置悬念，让每个人都可以按故事的脉络去思考。一个很重要的方法就是从对方的身上提取一些悬念当作故事的诱饵。

（3） 在故事结局设置悬念

讲故事的人不一定非要把结局说破，不一定非要给出一个确切的答案，保持故事结尾的模糊性有时候可能更具有吸引力。听故事的人可以在故事结束之后，充分发挥自己的想象力，尽可能对有限的信息做出更大的联想和延展，这样可以使故事更加回味无穷，对听众有更大的启发作用。所以，一个好的故事必须具备很好的留白，能够让听众自己找出答案，并进行思考。

比如美国著名的科幻小说家弗里蒂克·布朗在小说最后写了这样一句短短的话："地球上最后一个人独自坐在房间里，这个时候突然响起了敲门声。"这样一个短句，虽然简单，却引发人的无限想象。

人类的思维是一个极其复杂的过程，这种过程导致不同的人对同一故事产生不同的看法，就像"一千个人心中有一千个哈姆雷特"一样。在结尾设置悬念反而给人以充分的想象空间，让人回味无穷。

167

6．情感

故事走心、动情，才能沁人心扉，能够戳中人心的故事才能真正打动听众。说出走心的故事可以从以下四个方面考虑：

（1） 展示细节引起情感共鸣

一个善于讲故事的人通常会通过描述细节表达情感，并通过细节的展示引起听众的情感共鸣。

案例：比背景更有说服力的细节

某地突发水灾，此时一个大型的慈善机构开始发起募捐活动，该机构起草了两封募捐信。第一封如下：

水灾已经导致 20 万人的生活受到严重影响，其中 10 万人被迫转移。受灾群众正面临粮食短缺、饮用水短缺、帐篷和生活用品短缺等问题……

第二封信则是提到了一个小女孩小艾，由于没有足够的食物和帐篷，小艾吃完两块饼干后，非常疲惫地趴在爷爷的肩上，眼角的泪珠还在。昨天晚上小艾还睡在半山腰的旧牛棚里，身上只盖着爷爷的一件外套……

如果你看到这两封信，哪一封信会更打动你，使你更愿意捐款呢？毫无疑问，肯定是第二封。

相对于灾区的巨大灾情，小艾的故事只是这次灾难中的一个细节，但是这个细节却比整个大背景更具有说服力。

诺贝尔和平奖获得者特蕾莎修女曾说："如果我看到的是人群，我绝不会有行动；如果我看到的是个人，我就会。"在这里，所谓群体实际上就是一个比较普遍的现象，是一个故事中的大背景，而个人则是具体的现象，比较贴近生活，因此更容易引起关注，加上细节的刻画和描述，自然能够吸引眼球。

好的故事常常注重对细节的把握和挖掘，会重点对某些突出的生活界面和细节进行刻画。细节问题关乎对现实场景的重现，而现实场景的重现有助于听众更好地理解故事中的内容、环境以及相应的心理状态，并产生代入感，这样就容易打动和吸引听众。细节就是证据，一件事描述得越是仔细，就越容易产生说服力。

（2） 用情景故事一语戳中人心

下面我们看这段情景：

英国街头一个盲人正坐在路边乞讨，他的旁边放着一个牌子，牌子上写着：我是盲人，请给我帮助。而路人行色匆匆，很少有人停下来给盲人施舍，盲人的乞讨罐中空空如也。

一个女孩从他身边走过，突然停下来，把盲人身边的牌子拿过来，加上了这么一句话：这是美好的一天，但是我却看不见。

就是这样简短的一句话，击中了人们的内心，激发了人们的恻隐之心，行人纷纷伸出援助之手，往盲人的乞讨罐中放置钱币，很快盲人就获得了一大批人的捐助。

这就是一个很走心的情景故事，把个人的实际情况加入现实情景中，触动了人们的心扉。

（3） 找到对方的情感共通点

人类是世界上感情最丰富的动物。人类的认知、行为以及其他方面，无不受到情感的驱动，所以，要说服一个人，首先要打动对方，找到对方与你的情感共通点。

当我们想要说服别人时，先给自己拟定一个计划，找到彼此的情感共通点，比如对方的经历、对待事物的态度、个人喜好等，这些都是我们进行判断的依据，然后基于此再来说故事，更容易触动对方心灵的深处，效果自然也是事半功倍。

169

(4) 讲述表达人间真善美的情感故事

亲情、爱情、友情等，这些充满在我们生活中的真实、善良、美好的情感，往往是我们内心最柔弱的地方，以此为题材的故事就是最能打动人的，比如下面这样的故事。

案例：两碗牛肉面

他搀扶着盲父来到一家牛肉面馆，大声对服务员说："要两碗牛肉面。"店员正准备下单，男孩突然摆摆手指，并且走到服务员面前，小声说："只要一碗牛肉面，另一碗要素面。"

店员将两碗面端到他们面前。父亲熟悉地摸着筷子，然后开始在碗里搅拌。终于，他夹住了一块牛肉片，然后小心翼翼地试探着夹到儿子碗里。男孩并没有阻止父亲的行为，默默地接受了父亲夹过来的牛肉片，但是随后，男孩又悄悄地把牛肉片夹回到父亲的碗里。就这样来来回回，父亲碗里的牛肉片似乎永远夹不完，父亲看上去很高兴："这个店里真是实惠，里面有这么多牛肉。"

儿子赶紧说："爸爸，您快吃吧，您再夹肉给我，我的碗都装不下了。"

父子俩的行为感动了店主，店主将一盘牛肉端到他们桌上："今天本店搞活动，这是赠送的。"男孩很感激，夹了几片肉放到父亲碗里。父子俩离开饭店之后，服务员在收拾桌子时，赫然发现男孩的碗底下压着几张纸币，正是那盘牛肉的价格。

实际上这是某品牌牛肉面的广告故事，这个故事击中了人们内心最柔软的地方，一篇广告软文就这样不动声色地走入了人的心底，成功引起了人们的注意，让人更多地去关注这个品牌，这就是人间真善美的情感在营销广告中的魅力。

5.3 故事的常见"套路"

1. 故事常见"套路"的完整版

如何设计一个吸引人的故事呢？这里可以借鉴一下编剧们的做法，编剧在设计一个故事时通常会问以下七个问题。

问题1：主人公的"目标"是什么？

问题2：为了实现这个目标，他需要克服的"阻碍"是什么？

问题3：为了克服这些障碍，他是如何"努力"的？

问题4：在眼看着离目标越来越近了，他又碰到了什么"波折"？

问题5：如果波折的出现证明前面的努力是无效的，那么，有超越努力的"意外"可以改变这一切吗？

问题6：意外发生后，情节会出现什么样的"转折"？

问题7：最后的"结局"是什么？

将上面的七个问题简化之后，参考许荣哲先生的《故事课》一书，可以将故事情节的常用框架总结如图5-2。

图 5-2 故事情节的常用框架

下面我们用图 5-2"情节的常用框架"来分析一下褚橙背后的励志故事。

2015 年开始走红的褚橙，最开始被叫作冰糖橙，也面临过因为卖不掉被拉走扔掉的境遇。"本来生活网"介入后，通过创业团队成员对褚橙的创始人，曾被称为中国"烟草大王"褚时健，即褚老经历的了解，将之命名为褚橙，并且开始了以故事为基础的新媒体营销活动，最后打造成"一橙难求"的火爆销售局面，褚橙也被人们称为"励志橙"。

（1）目标

故事的主要人物褚时健，出身农村，从小立下目标：将来一定要成就一番事业。

（2）阻碍

褚时健年轻时参加过战争，当过游击队员。每天跟子弹、炮火打交道，还曾经把自己哥哥的尸体从战场上背回来。经过战火洗礼的他，养成了军人的性格，既直接，又执着，常常一不小心就得罪人，连他自己都不知道。

（3）努力

经过坚持不懈的努力，直到 51 岁，褚时健才好不容易在一个小地方的卷烟厂当上了厂长。

曾经上过战场的褚时健，不只有老鹰的眼光，还有老虎的行动力。当上厂长后，根据对市场的调研，他果断做出了一个关键性的重要决策：跳过烟草公司，直接向烟农买货。紧接着，绕过供销局、地方烟草局，他自己铺设专卖店，自己卖货。

（4）结果

自己买货、卖货的结果是：褚时健在 18 年中一共为国家创造了 991 亿元的税收，被称为中国的"烟草大王"，当时也是全国最红的国企红人。领导来视察烟厂时，都忍不住对褚时健说："老褚，你开的根本不是烟厂，而是印钞厂啊。"

（5）意外

一封突如其来的匿名检举信，把褚时健从天堂打入地狱。褚时健被控贪污，这是一个不容抹杀的事实，但它是有时代背景的，他当时月薪仅有 3000 元。所以当褚时健努力了将近 20 年，要把自己的权力交出去时，忍不住起了私心，私吞了 300 万美元。就这样，褚时健被处以无期徒刑、剥夺政治权利终身。

这时的褚时健已经 70 多岁了，而且还被判了无期徒刑，似乎故事该结束了。

（6）转折

然而故事并没有结束，3 年以后，暂在服刑的褚时健因为身体原因，办理了保外就医，这个时候他已经是 75 岁的老人了。对于很多人而言，这个时候应该是颐养天年的时候了，毕竟人生所剩时间不多，但是具有坚毅性格的褚时健这个时候却在想我"如何再重新开始，如何能够成就自己人生的奋斗目标。"于是他回到云南老家，承包了 2400 亩荒山，开始种橙子。

（7）结局

10年后的褚时健由原来的"烟草大王"摇身一变成为了"橙子大王"，他所种的"褚橙"供不应求，卖到大江南北，每年创造数千万元的营收。褚老的人生传奇故事激发着人们的希望和斗志，在全民创业的大环境下，褚老的经历显然已能成为教科书般的励志范本。很多消费者之所以一而再再而三地买褚橙，还推荐给朋友购买，更多的是被褚老的故事所感动，褚橙背后这一坚韧不屈的励志故事为褚橙这一品牌注入了特殊的价值，也让该品牌深入人心。

2．故事常见"套路"的精简版

按照以上故事情节的完整框架讲故事需要的时间比较多，如果没有那么多时间，需要讲一个短故事，则根据《故事课》一书的观点，可以在完整框架基础上选用以下两个短框架，即"努力人"框架和"意外人"框架，如图5-3所示。

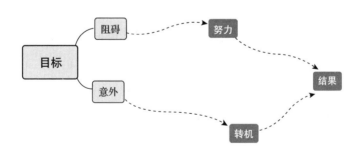

图5-3　故事情境设计简单框架

（1）"努力人"框架

"努力人"框架就是一个努力努力再努力，围绕目标持之以恒，最终守得云开见月明的过程，故事的精彩之处在于尽管阻碍不断，但是主人公却能够在升级打怪过程中获得成长，最终实现自己的目标。

（2）"意外人"框架

"意外人"框架的亮点在于不可思议，超乎想象，最终的结果虽然与目标背道而驰，但是峰回路转的情节设置让人感叹的同时也回味无穷。

（3）应用举例

下面以自我介绍为例说明如何用以上框架讲好一个故事。

如果我们把自我介绍看作是一个免费打广告的过程，特别是把面试中的自我介绍看作是一个推销自己、说服 HR 的过程，那么此时的自我介绍一定要使自己在众人中脱颖而出，在给人印象深刻的同时还能形成良好的第一印象，并且拉近与 HR 的距离。

那么要达到这样的效果，特立独行、与众不同自然是制胜法宝，而此时，一个恰到好处、引人入胜的故事就是助力精彩自我介绍的秘密武器。毕竟乔布斯说过：全世界最有影响力的人就是"说故事的人"。

自我介绍时间一般很短，通常是 1~2 分钟，这么短的时间要讲好一个关于自己的故事，还要做到完整和吸引人，这时以上的短框架就适合这种情境。

我们以一个具体的面试场景为例来说明以上框架的应用。

情境：如果你准备去应聘一个新媒体营销的岗位，你准备如何去讲这个自我介绍的故事呢？

在考虑设计什么样的故事来做自我介绍时，首先还是要有用户思维，即思考对方可能最关心什么？对方最希望认识什么样的人？我希望通过这个介绍传递何种信息？让对方形成何种印象？主要的目的还是在于能够引起对方的兴趣，在形成良好印象的同时提升自己的可信度。

因此在考虑如何讲故事前要思考以下两个问题。

第一，为什么我是这个岗位的最佳人选？

我在这方面很有天赋，也有过相关工作经验，取得的业绩比较好。

第二，我希望 HR 听完我的故事后形成何种印象？

我很合适这个岗位。如果我希望 HR 看重我认真和执着的一面，建议用"努力人框架"；如果希望 HR 看重我幽默和活泼的特质，而且同时参加面试的人比较多，建议用"意外人框架"。

在思考上述问题后，下面两个示例供大家参考。

故事一："努力人"框架

目标：我是一个屏幕控，很希望通过微信和微博传递自己的声音，在这个人人都是自媒体的时代，能够成为网络大咖。

阻碍：可是我还只是一个在校大学生，名不见经传，影响力还非常有限。

努力：我开始一方面加强学习，另一方面自己建立了网络社群组织了一群志同道合的小伙伴一起努力。

结果：我的网络社群在学校已经小有名气，吸引了 400 多名粉丝，我自己制作的微信公众号也有了 800 多人的关注，在简书上的 6 篇文章还获得了 1 万以上的阅读量，并且得到了 1000 多元的打赏奖金与稿费呢。

故事二："意外人"框架

目标：与前面一致

意外：我搭建的以"斜杠青年的成长"为主题的微信公众号获得了 800 多粉丝，也是学校小有名气的公号。在一个线下推广活动中，我认识了一位女孩，相互一见钟情，而她也运营了一个关于校园美食和生活的公号。

转机：收获了爱情的同时我们开始强强联合，进行公号的互推，并且一起建立了线上学习社群。

结果：虽然离网络大咖的距离还远，但是收获的爱情已经使我朝这个目标又近了一步。

限于篇幅，以上只是描述了故事梗概，在实际讲述时可以在细节和语言方面进行润色，使故事更加精彩。

看到这里，也请读者暂停一下，思考以下问题：如果你去应聘某一份你心仪的工作，在做自我介绍时，你将如何应用以上框架在 1 ~ 2 分钟之内讲好一个关于自己的故事呢？

5.4　再好的故事也需要完美呈现

呈现故事时，语言是故事的台词，身体是故事的舞台，声音是故事的旋律。要想将一个故事进行完美的呈现，一个要素都不能忽视（图 5 - 4）。即使是一句话的故事，也需要全方位集合语言、表情、动作和声音。来自于美国加州大学洛杉矶分校艾伯特·梅拉比安在《非语言沟通》一书中所发表的一组数据已经显示，信息的传递 7% 来自于讲话的内容和文字，38% 取决于音量、音质、语速和节奏等声音要素，高达 55% 的信息传递通过眼神、表情和动作（图 5 - 5）。让听众通过你的语言、身体语言和声音，听到、看到、闻到和摸到你所讲的故事，这样他们才能自然而然地进入故事的世界。

图 5 - 4　呈现故事的要素框架

图 5 - 5　艾伯特·梅拉比安公式

1. 语言

卡耐基说过："世界上最伟大的真理往往是通过有趣的故事表达出来的。"有趣的故事可以有效地把思想和情感植入观众的大脑当中。尽管故事的效果如此之好，但是，我们仍然要意识到有很多故事无法被人们接受。之所以人们不接受故事，跟讲故事的语言技巧有直接关系。

故事语言应具备以下四个特点。

（1）易懂性

通俗的方式是大众的、流行的，人人都能喜欢。我们不能让对方非常吃力地去解读故事，这需要我们在讲故事时保持语言通俗易懂。

（2）趣味性

讲故事的目的是说服、传播、营销，听众听故事的目的在于愉悦大脑，因此，你的语言不能过于抽象，拒绝文言文、古文等形式。要突出幽默风趣的特色，这样的故事会让人们觉得很有意思，吸引人们继续听下去。

（3）生活化

很多人在讲故事时，往往语言上表现出"脱俗"的一面，惯用大量的典故、生僻词汇。事实上，在某些独特之处用到即可，如果频繁使用典故和生僻词汇的话，会让对方觉得你在"卖弄学问"。因此，在讲故事时，语言要贴近生活，确保听众能够轻松

179

地理解所有的词汇。

（4）简短化

《乌合之众》一书中曾经对简洁的重要性做出过以下总结："做出简洁有力的断言，不理睬任何推理和证据，是让某种观念进入群众头脑最可靠的办法之一。一个断言越是简单明了，证据和证明看上去越贫乏，它就越有威力。一切时代的宗教书和各种法典，总是诉诸简单的断言。号召人们起来捍卫某项政治事业的政客，利用广告手段推销产品的商人，全都深知断言的价值。"一个故事如果用语足够简短，它所传递的理念也会更加深入人心，听众更容易记住那些简洁有力的话。

2．身体语言

美剧《Lie to Me》中有这样一个情节：一个母亲报警称孩子丢失，她沉痛的叙述让不少人很同情她，觉得她是一个可怜的母亲。可是当心理学家卡尔·莱曼博士将声音去掉之后再看母亲述说的画面就发现："你能看到她的悲伤吗？如果没有那些声音，此刻的她更像是在念账单。"

事实上，在讲故事的过程中，如果我们有意识地根据故事的内容注意身体每个部位的动作，围绕自己所表达的意思用身体语言进行强化或辅助，这样会增强故事的真实性。

（1）面部表情

面部表情是一种十分重要的身体语言，通过对面部表情的描绘，艺术家可以表达人物内心的情感，栩栩如生地展现人物的精神风貌。同样的，在讲述故事时，我们也需要注意面部表情与台词的和谐度。

在人的面部，眼睛通常被认为是心灵的窗户，能够最直接、最完整、最深刻、最丰富地表现人的精神状态和内心活动，它具有自由沟通心灵，代替词汇匮乏的表达，促成无声的对话的神奇功效。眼睛通常是情感的第一个自发表达者，通过眼睛可以看出一个人是快乐还是忧伤，是烦恼还是悠闲，是厌恶还是喜欢。

善于讲故事的人，往往都是以眼传神的典范，欢乐时双眼明亮、失望时双目无神……要呈现好一个故事，首先要在头脑中想象出相应的场景，从而用能打动观众的面部表情，使其与故事内容交相辉映。

在呈现故事的过程中，面部表情就像一把双刃剑，如果你不善于运用它，则会被其所伤；而如果你能恰到好处地运用它，则会如虎添翼，让你的故事更加精彩。

181

比如曾经参加美国总统竞选但是却败北的戈尔，虽然他有非常出色的语言能力，在开玩笑时机制尖刻而又不乏敏捷，在不露声色中给予对手回击，但是，在竞选中，他五官的表现却非常拙劣，尽管竞选团队帮他设计了应该展现给选民的公众形象，但是他总是选择隐藏自己的表情，其肢体及面部表情总是在他讲述故事时不自觉地出来捣乱，因此最后的结果是，任凭戈尔知识丰富、能说会道，但是他的表情出卖了他，观众根据他的身体语言对他产生了负面情绪，导致他与当选总统失之交臂。

（2）肢体语言

最善于应用肢体语言展示故事的是卓别林。虽然在卓别林生活的年代，有声电影已经出现，但是卓别林的作品仍然以无声电影为主，因为卓别林最为擅长的就是形体的表演，他是一个用行为、用肢体语言讲故事和表达幽默的艺术家。

因此想要讲好一个故事，还要学习卓别林的演技，为了让听众加深对故事的理解，为了让他们对故事形成深刻的印象，在讲述故事时要调动起全身的肢体语言作为内容的支持。如果你还是不能熟练地运用肢体语言讲述故事，建议多看看卓别林的作品，边模仿边感悟，就会有较大的进步。

3. 声音

讲故事的高手往往能够通过不同的语调、语气、语速、音量等让自己的声音"活"起来，使听众能亲身体验故事，就像真的经历了故事中所描述的一切。利用声音技巧，你将更好地触动听众的感觉，让他们和你一样感同身受。比如林嗣环的《口技》一文就惟妙惟肖地描述了一场精彩逼真的口技表演，堪称用声音讲故事的经典之作。

本章思维导图

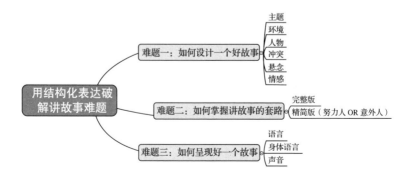

第 6 章

用结构化思维
破解演讲难题

Chapter
Six

说到演讲，你可能会想到那些风云人物，而实际上，即使作为普通人，我们也可能经常面临演讲的情境。演讲就是一种交流方式，目的在于向对方推介你的想法、主张，或是产品、项目，或是自己，让观众明白和认同这些信息的重要性。从这个意义上而言，演讲就是我们每个人都要面对的必修课。最近的一项统计显示，全球每天借助 PPT 进行的演讲有 3000 万人次，而我们也可能经常身处其中。

　　虽然每天都有这么多演讲，但是水平和效果却有天壤之别，好的演讲引人入胜，糟糕的演讲却令人昏昏欲睡。演讲的效果更是具有决定性的影响，成功的演讲可能成就一大笔价值连城的生意，而糟糕的演讲可能毁掉一切。因此，作为商务人士，掌握演讲这一必备技能是在商务活动中游刃有余的前提，而结构化表达刚好可以帮助商务人士破解这一难题。

6.1　破解演讲难题先搞定 3V

　　首先，我们用结构化思维先剖析一下成功的演讲是如何实现的。根据第 5 章介绍的艾伯特·梅拉比安公式，信息的传递 7% 来自于讲话的内容和文字，38% 取决于音量、音质、语速和节奏等声音要素，高达 55% 的信息传递通过眼神、表情和动作。将该公式应用于演讲中，我们可以称之为 3V 结构，即听众对于演讲者所形成的印象来自于视觉的（visual）、听觉的（vocal）和言语（verbal）的综合作用，3V 揭示了成功演讲的结构，如图 6 - 1 所示。

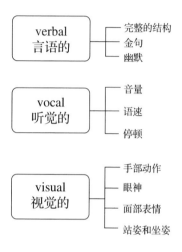

图 6 - 1　成功演讲的 3V 结构

　　第一个 V 是言语的，语言的组织和呈现方式形成了演讲内容，内容传递信息的同时也在传递情绪，影响他人对你的印象。比如，演讲时虽然滔滔不绝，但是毫无重点可言，会让人认为你是一个工作效率低下的人；演讲时满口套话，会让人感觉你不够真诚。听众期待的是从你的演讲中获得价值，能够从你演讲中获得共鸣与启示。

　　第二个 V 是听觉的，包括你在演讲时的音量、音质、语速和节奏等。声音也会传递情绪，影响他人对你的印象，对讲话的内容可能起到支持或否定的作用。比如，作为领导者，说话的时候总是出现"嗯""啊"这样的停顿词，会让人感觉你缺乏自信；如果总是用一个语调说话，会给人留下刻板和冷漠的印象；如果音调太高，会让人感觉幼稚和不稳重。再比如，CEO在新产品发布会上宣布"我很高兴再次发布我们的新产品"，说这句话时语气应该是热情洋溢的，但是如果此时CEO的语气只是像在读一份天气预报，毫无声音起伏，面部也毫无表情，这就会让观众感觉到无趣，CEO自己都对新产品不感兴趣，我们为什么要来参加这个发布会呢。

第三个V是视觉的，所传递的信息最为丰富，包括你的眼神、表情、动作、形象、体态等。比如在演讲时，为了给人留下诚实、友好的印象，我们会面对微笑以示友好。为了传递我们的自信和果敢，我们会抬头平视听众，通过目光交流传递这样的信号。

总之，演讲是为了在获得听众信任的基础上得到他们对自己所传递信息的认可，破解演讲难题首先从3V入手。

6.2 V1：强大的演示逻辑

演讲是否可以打动听众，首先是内容为王，即演讲内容是否有明确的目标、吸引人的开场白、让人信服的论证过程和给人以启示的结论。成功的演讲一开头就能够吸引住观众，并且用清晰的逻辑结构让观众轻松地接收到符合"简单、准确、利益"要求的结论，演讲者方可以抓住表达红利，实现演讲目标。

　　糟糕的演讲往往具有以下五个问题：第一，要点不清晰，听众听了半天不知所云，一头雾水。第二，听众没有受益感，演讲者讲得天花乱坠，听众却一直犯嘀咕，"那又怎么样呢？"第三，条理不清，主要表现是观点混乱，听着听着会让人突然愣住，"等一下，他是怎么扯到这里来的呢？"第四，细节太多，特别是一些技术性很强的演讲，本来就对听众的知识储备要求较高，如果再添加大量的专业术语，听众就会犯迷糊："这究竟是个什么意思呢？"听众跟不上演讲者的思路，自然也就不能领会到他要表达的主旨。第五，篇幅太长，语言啰唆，演讲者只顾自说自话，而听众早已失去耐心。

　　出现以上问题，往往都是演讲者缺乏结构化思维和表达的技巧所致，我们首先应该用强大的逻辑组织演讲的内容。按照结构化表达的基本原则，强大的演示逻辑体现在开头、中间主体部分和结尾。

　　元代文人乔梦符谈到写"乐府"的章法时提出"凤头""猪肚""豹尾"之喻，在这里可以借用一下，也就是说好的演讲稿在内容上需要具备以下要求：开头像凤头那样美丽、精彩，主体部分像猪肚那样充实、丰富，结尾像豹尾一样简短、有力。

1. 设计凤头式的开头

　　善于始者，成功已半。好的演讲开头，要掠人之心，让人愿意听，因此需要用一个好的切入点激发对方的兴趣，拉近和听众距离，给听众一个听下去的理由。好的开头可以是一个故事，也可以用一个问题带入。

（1）故事式开头

讲故事是最容易吸引读者注意力的方法，好的故事不但可以抓人眼球，而且可以在开头就设置好出场人物和矛盾冲突的线索，为接下来的内容做铺垫。

如何写好故事式开头呢？第一，根据文章主旨构思一个故事，可以是真的，可以是听过的，也可以是虚构的；第二，尽量在200字以内把这个故事讲完整，包括起因、经过和结果；第三，要在故事最后点明故事和演讲内容的关联。

举例：关于什么是"共识"的小故事

有一个演讲者想通过演讲传递一个核心观点：共识比努力重要。"共识"是一个很抽象的概念，如果按照常规行文，首先要解释什么叫共识，再讲为达成共识需要做些什么，最后再比较为什么共识比努力重要。如果这样讲，可能会非常枯燥，不能引起听众的兴趣。于是，演讲者一开始就讲了这样一个小故事：

第一次世界大战时，有一支德国军队在阿尔卑斯山迷路了，当时下着大雪，缺衣少粮，如果不能尽快找到出去的路，他们可能都会困死在这里。大家尝试过各种办法：爬到山顶放信号弹，尝试沿着太阳升起的方向走……都没有用，大雪把一切都遮盖了，根本看不见路。

有一天，大家发现了一个小木屋，所有人欣喜若狂地冲进去。虽然木屋里没有人居住，但也许能找到一些有用的线索。好运果然降临了，大家在屋子里找到了一张地图，里面密密麻麻地标注了地形、路线，不过地图用的语言是没有人能看懂的拉丁文。即便如此，这也是最后的希望，大家按照地图的指引，边猜测边行进，最后居然走出了大山，辗转回到德国。

军队的指挥官一直保留着这份救命的地图，直到多年后，他拿给一个懂拉丁文的朋友看。朋友看了之后说，这根本不是一张欧洲地图，这里头标注的是非洲某个地方，也就是说，德国军队靠着一张谁也看不懂的非洲地图，走出了阿尔卑斯山。

这个故事说明什么？为什么错误的地图可以指路？为什么看不懂拉丁文也能找到方向？这是地图的功劳还是大家的心理作用？

接下来，演讲者给出了自己的答案：地图除了指路以外，还有一个作用，就是统一了大家的思想。在找不到路的情况下，每个人都有自己的判断，部队四分五裂，当然没有方向。地图凝聚了军心，也给了指引的方向（虽然谁也不知道对错），在尝试中，大家找到了对的路。

189

看似错误的尝试不一定会失败。但如果开始你就认为尝试是错的，那根本就没有成功的可能。如果在做一件事的时候大家能达成共识，坚定地沿着某个方向前进，也许就能突出重围。这就是共识的作用，也是演讲者在这次演讲中真正想讲的内容。

（2）总结式开头

总结式开头就是在演讲一开始便开门见山地给出见解和结论，向观众旗帜鲜明地说明演讲的立场和主旨。然后在接下来的阐述中，像剥洋葱一样，一层一层展开，解释清楚。

总结式开头的逻辑框架通常是先结论后原因，先全局后细节，先结果后过程。比如，有一位演讲者一开始就说："回顾我这一生，仿佛再难以找到一个词比折腾更能恰当地形容这 30 年。"开了这个头，演讲者就可以回忆他 30 年来的经历；再比如演讲者一开始就说："不动脑子的勤奋是最懒惰的行为。"开了这个头，下面演讲者就可以举一些不动脑子假勤奋的例子。

总结式开头，也有人将之称为"金句"式开头。金句就是有闪光点的句子，也是朗朗上口的句子。比如有这样一篇文章，叫作《不能天生丽质，就要天生励志》，这个标题就很适合做总结式开头。关于金句的构思和创作技巧在后面分析。

（3）悬疑式开头

文似看山不喜平，其实，不管是演讲者还是听众，都希望在文字里找到乐趣，而开头是绝佳的乐趣入门通道，所以很多的开头会呈现破碎的结构——包括当时事件中的某个场景、站在现在对过去某个时间的假设或者是当事人在某一刻的体验。

靠时间切换造成悬疑是悬疑式开头的一种方法，除此之外，还有靠情节推动的悬疑（例如，他并不像外人传说的那样妻妾成群，常年跟他在一起的只是一只猫……），靠违反常见逻辑造成的悬疑（例如，我们之前有比较好的营收，即便如此我们仍旧认为我们的商业计划完全是个错误……）和语言结构悬疑（这个没有读过书的农村妇女连续培养出三个就读世界名校的孩子，而她的方法只有一条……）等。

悬疑开头的设计有三种常见的套路，第一种是百年孤独式的悬疑开头，颠倒时空的界限——"多年以后，我想到自己当时那个决定，真的没有后悔过……"；第二种是故意营造不合情理的场面——"被捉住的那一刻，她拼命挣扎，她不怕死，而是怕她手里这点钱再也不能送给她要感谢的那个人了……"；第三种是提出疑问造成悬疑——"一个人，15 天，积累了十万粉丝，这个可怕的写作狂人，到底用了什么方法？"

（4）自然叙述式开头

开头虽然有很多技巧，但还是有很多人使用自然叙述式开头。所谓自然叙述式开头，就是把演讲者想跟听众说的第一句话作为开头，看似没有经过刻意的设计，但可能反而更打动人心，因为这些未经修饰的淳朴开头可能是听众最想说的、最重要的话。

自然叙述式的窍门是捕捉细微的情感，有三个模板可供参考：第一种是人称模板，即"三个人称 + 感受"。比如，"我心里真的很不平静……""你难道就这样算了吗？""他当作一切都没有发生……"第二种叫托物言志，看似说风景，其实有深意。比如，"最近一直很燥热，让人心情烦躁。""风来的时候，整个城市都变得萧瑟，我此刻的心情也是如此。"第三种为对话模板，看似自言自语，实际上是思考对话。比如，"结束了吗？好像一切都结束了，但又好像没有……""我还能说什么呢？说说我的委屈，说说我的愤怒和不满？也许都太晚了……"

以上是演讲开头常见的几种模式。其实不管哪种方式，开头无非是要引起听众的注意，给人留下深刻的印象。如果不能在开头就牢牢抓住听众，再好的内容都展现不出来。这也就要求演讲者要把重要的话、最精彩的话放在开头说，让听众一目了然，有继续听下去的兴致。

2. 设计猪肚式的演讲主体

（1）用一个词串起文章的整体框架

要想让听众听得明白、记得住，有一个比较好用的方法组织内容主体的框架，就是选一个与演讲题目相关、又容易记忆的英文单词或者字母组合，该单词或组合又刚好是由演讲主体内容的关键词首字母组合而成，这样可以由此单词或者组合讲起，用其串起整个演讲主体的内容。

案例：用 SUCCESS 串起演讲主体内容

比如演讲主题为"如何做一个成功的销售人员"，主体部分用 SUCCESS（成功）串起。

第一个字母 S（sense of purpose，目标感），介绍销售前设定清晰、具体的目标有多么重要。

第二个字母 U（you are responsible，你要负起责任），这里说明好的销售应该自己掌控自己的生活和事业，必须拒绝找借口推诿。

第三个字母 C（customer satisfaction，客户满意度），好的销售要清晰定义目标客户群，确认如何赢得这些目标客户，获得他们的满意。

第四个字母 C（creativity，创造力），说明寻找创新而高效的促销方法对售卖产品的重要性。

第五个字母 E（excellence，优秀），要在所从事的领域内做到优秀，还必须不断努力提升自己。

第六个字母 S（sensitivity to others，对他人保持敏感度），即关注他人，认真思考怎样让自己的言行可以对他人产生影响。

第七个字母 S（stick to it，坚持到底），从一开始就下定决心，面对任何困难和可能性都不会放弃。

用这种方法组织主体框架的关键在于精选字母，该方式可以帮助演讲者脱稿后仍然保持流畅地演讲，也很容易让观众轻松地记住演讲的内容。

（2）用 why-what-how 结构

也即"问题 – 方案"结构，按照"引出问题 – 定义问题 – 解决问题"的思路组织演讲稿主体部分。在这个结构中，先通过事实性描述，比如拿出数据或者事例等证明问题的存在，引起听众的兴趣或者焦虑，然后分析问题的症结所在，最后拿出解决方案。

比如一家公司的负责人为了介绍公司的改革计划，先拿出了大量的数据和事实说明公司改革的必要性，然后总结了公司改革需要解决的重点问题，最后针对问题列举了改革的方案（结构如图 6 - 2 所示）。这样的结构让整个分析过程一目了然，结论的得出也是水到渠成的，很容易获得听众的理解和支持。

（3）时空结构

也即按照时间顺序或者地点的顺序组织演讲内容。

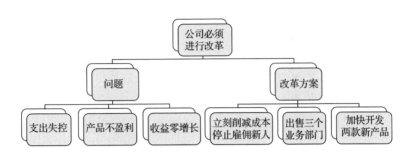

图6-2 "问题-方案"结构举例

以时间为线串联起各个部分，这种结构反映了事件发生或应该发生的先后顺序，当"变化"或"发展"是演讲的主题时，可以选用这种结构。

比如，你是一家大公司的人力资源主管，你们公司刚刚收购了一家规模相对较小的竞争对手，这个消息的公布让两家公司的员工都比较惊讶，大家都在关心为什么会有这样的局面？两家长期竞争的公司的员工将来该如何合作？公司合并后未来前景如何？在这种情况下，你需要面向那家小公司的员工做一次演讲，帮助新加入的人员了解这次并购的情况，并增强他们的归属感。

在这种情况下，最佳的演讲结构就是用时间串起，用一条时间轴说明大公司的发展历史，为什么会有这次的并购，这次并购是如何进行的，并购后两家公司未来又将如何携手并进。按照时间顺序组织演讲主体结构，将使听众清楚地了解大公司的历史，理解这次并购对两家公司而言都是最好的选择，这样组织演讲内容将打消小公司原有员工的顾虑，建立他们对于新雇主的信任。

按照地点逻辑组织演讲内容对听众而言也是比较自然和易懂的。比如你所在公司是一家分销商，最大的竞争优势就是遍布全球的销售渠道。如果你现在面向潜在的客户演讲，该客户经营国际业务，正在寻找一个可以为其全球销售提供服务的合伙人，这个时候就可以选用地点逻辑组织演讲内容，逐一介绍在全球主要节点城市的仓库和航运中心，以地点的依次切换为逻辑展现公司全球分销网络的优势和特点。

（4）应用吸引观众的技巧

在演讲过程中要让对方记得住，印象深刻，建议采用"故事 + 金句 + 情绪调动"的技巧。

1）如何写金句

好的演讲一定有一个共性的特点，那就是必有金句。所谓金句就是经过演讲者的总结，比较简洁而且朗朗上口容易记忆的句子。这些句子是演讲者通过高度概括和凝练出来的，希望听众可以记得住甚至进行二次传播的句子。

金句往往具有以下三个基本特征：

第一，内容高度概括和凝练。

20 ~ 30 个字，是对演讲内容或者主要观点的提炼与总结。

第二，语言朗朗上口。

一般倾向于用排比句，或者押韵的短句。举例：Stay hungry, stay foolish.（乔布斯在斯坦福大学演讲中的金句）

第三，激发听众的情绪。

比如共鸣，恐惧或者希望。

好的演讲，如果没有 3 ~ 5 个金句，无论你讲了多少，听众可能什么都记不住，所以一场成功的演讲，至少要让听众记住你的一句话。

如何打造能传播的金句？

- **否定句式**

关于＊＊，你知道的都是错的

永远不要＊＊

好处：激发用户情绪。比如：永远不要为坏人工作。

- **类比**

＊＊就像＊＊一样

用听众熟悉的内容，解释他们不熟悉的内容。要找到合适的比喻帮助听众理解。

- **提问**

适合做开场和中间的过渡

好处：激发思考。

比如：我们不是强者，还能不能登上舞台？（罗振宇 2017 年跨年演讲）

- **分类**

关于＊＊，不过是＊件事，是……

分类的作用在于或者用于总结下面的要点，或者用于总结演讲结尾的内容，让听众迅速回顾知识点。

- **AB＝BC 句式**

特点为"重复＋变化"

比如：我走过世界上最长的路，就是你们男人的套路。

● 认知升级句式：

不是＊＊，而是＊＊；不在于＊＊，而在于＊＊。

通过对新旧两种认知进行对比，将新知对接旧知，更新听众的认识，加深他们对于已有问题的理解。

比如：赢得未来的制胜法宝，不在于你拥有多少资源，而在于你能调动多少资源。（曾鸣，阿里巴巴集团学术委员会主席）

2）如何讲故事

事实使人知，真相使人信，而只有故事使人永远难忘。作为演讲者，通过讲故事可以在观众大脑中植入情景，观众会把你的故事和他们个人以往的经历联系起来，形成新的合成体验，通过这种方式感受到演讲者在故事中蕴含的情绪和观点。如果演讲者能够吸引观众进入到你的故事，让他们闻你所闻，见你所见，与你感同身受，你的演讲就成功了一半。

需要记住的一点是，讲故事是要再现故事，而不是简单的讲述，因为只有再现故事，才能带来情感丰富的主观体验，所以你不能表现得好像是在死记硬背，照本宣科，你要融入自己的个人情感，你的声音和表情要生动丰富，而且还要与观众有良好的互动。在他们惊讶的时候配以夸张的表情，在他们感慨的时候，可以耸耸肩、摊摊手，这些都有助于听众对你的故事感同身受。

还有一点要提醒的是，讲故事注意适度，不要过于突出个人感受。尽管很多时候演讲者讲的是自己的体验，难免会突出自己，但是要记住的是，讲故事的目的是为你整篇演讲服务的，所

197

以你要传递的不是你的个人体验，而是故事的寓意。

3） 如何调动观众情绪

最容易被记住的演讲者都是会充分调动听众情绪的人。可以采用以下方式调动观众的情绪：

- 第一，充分激发听众的"想象"

启发听众最有效的方法之一就是促使他们进行深刻的自我反省，激发听众的想象就能将所有的事情可视化，从而促使他们参与到你的故事或想法中，他们参与程度越高，则付诸的情感可能越深。

在调动听众开始想象后，不仅要引导他们创造出一个视觉化的形象，还可以尽可能调动他们所有的感官，包括视觉、嗅觉、触觉、味觉和听觉。比如，"想象一下，当我第一次来到纽约时，你和我一起。来自中西部小镇的我确信每一个街角都会遇到抢劫犯。你是不是觉得每一个街角都危险重重？在闷热的8月，街道上出租车的尾气和摩肩接踵的行人的汗味让人感到窒息……"

激发想象无论是出现在开场还是结尾都一样有分量，通过想象把听众带入你的故事或鼓励他们设想自己过去或者未来的生活。

比如，有一位演讲者在TED大会上试图分享一个理念，这是一种适用于发展中国家的、可以挽救无数早产儿生命的低成本早产儿保育器。她在演讲一开始就这样调动观众的想象：

"请大家闭上眼睛，伸出双手，想象一下你们手上可以放些什么，一颗苹果，或是你的钱包。现在请睁开眼睛，如果放一个小生命呢?"

说到这里,她在屏幕上展示了一张照片,照片中一双饱经风霜的手掌托着一个小婴儿。在这个例子中,虽然问题很抽象,但是照片的应用却使之变得特别,并且注入了情感张力。

而在结尾调动观众的情绪,可以通过引导人们用你所传递的鼓舞人心的信息去描绘他们的生活而激发大家的想象,比如,"想象一下,明天早上你带着对朋友的怜爱之心醒来,生活会变得怎样;想象一下,明天早上你带着对家人的怜爱之心醒来,生活会变得怎样;想象一下,明天早上你带着对自己的怜爱之心醒来,生活会变得怎样……"

● 第二,充分利用数字和细节增强感染力

当说出一个平时不为人所知、一旦宣布就会令人惊讶的数字或者细节,并且让之富有针对性,会使演讲内容更加生动形象,富有感染力。比如,"每天 7000 万美国人与他们的心脏疾病共同生活,你或者坐在你身边的三个人中就有一个可能死于心脏病",这样的语句使用了数字与对比相结合,很容易调动起人们恐惧的情绪,从而重视演讲者所讲的内容。

在演讲中应用语言描述生动的、感官性的细节,让听众脑海中形成具有冲击力的画面感,这样的演讲稿具有强大的代入感,让听众为之兴奋。

比如,"昨天我在路上碰到了一个叫马丁的外国人",这样的语句没有任何画面感,很难吸引听众,但是现在改为"上个月在东京的青山,我碰到了一个叫马丁的外国人,他个子很高,大约

199

50 岁，穿着一件英式传统衬衫，他走过来问我……"这样的描述顿时就有了画面感，有助于听众发挥想象。

- 第三，善用幽默

听众之所以发笑一般出于以下三个原因：第一，基于优越感，也即嘲笑做出糟糕决定的人，或讥笑行为古怪的人。第二，出于惊讶，在经历转折时会感到开心，比如事情超出预期和感觉时，当事实被夸大时。第三，基于情感释放或情感宣泄，此时的笑声是对窘迫和害怕等消极情绪的一种缓解。

有一位戏剧演员深谙幽默之道。有一次在演讲时，他在台上故意摔了一个大跟头，观众哄堂大笑。此时这位演员说："我摔跟头的时候，大家都说快起来，这太令人尴尬了，但是我的老师却说，在地上多趴一会儿吧，演讲者的任务不是让观众感觉舒服，而是要引起激烈的变革。"这一个跟头加上这么一段话，让观众发笑的同时也留下了难以磨灭的印象。

3. 设计豹尾式的结尾

按照"峰终效应"，听众最能记住的就是高潮和结尾，所以在结尾时要尽可能干净利落，掷地有声，用激动人心、启发人们思维的语言收尾，在振奋人心的同时引发人们的思考与回味，在听众意犹未尽时戛然而止。

要设计一个掷地有声的演讲结尾，必须逐字逐句地斟酌如何表达，自问"我演讲的目的是什么"，然后进一步思考按照你的演讲目的你希望听众听完演讲后采取怎样的行动，如果对自己想要的结果胸有成竹，设计演讲结尾和最终的结论，号召听众采取行动，就会容易很多。

（1） 总结式结尾

在演讲结束时演讲者简洁、扼要地对自己阐述的思想进行总结，帮助听者加深印象，可以起到突出中心、强化主题、首尾呼应、画龙点睛的效果。

比如，有位演讲者在题目为《我是一个小小点》的演讲中这样进行总结：

"我就是这样一个小小的点啊，虽然微不足道，但当你、我、他，我们大家，这许许多多的点汇集在一起的时候，就成了一条向上的、鲜活生动的线，用这条线，你不仅可以谱写出属于自己的旋律，更可以描绘出祖国最美丽的画卷，改革最灿烂的明天！"

（2） 号召式结尾

这种结尾是在演讲结束时以慷慨激昂、热情澎湃的语言，对台下听众进行呼唤，通过提出希望、展示未来而发出号召，旨在引起听众的情感共鸣，尽可能促进听众产生某种行动。在使用这种结尾时，注意使用"我们""咱们"，与听众站在一块，这样才更有感召力。

比如，在题目为《西部，我的家园》演讲中，演讲者就采用了这样的结尾：

"美丽的西部是我们的家，美丽的家园我们都爱他。200 年前，北美的西部开发，缔造了一个世界强国；今天，华夏大地波澜壮阔的西部开发，必将创造出西部的辉煌，实现祖国的富强。西部开发路漫漫，青春浩气走千山，为了建设美丽富饶的家园，为了中华民族的伟大复兴，朋友们，准备出征！"

（3）祝福式结尾

大多数人都喜欢听祝福、祝贺类的话，因此用真诚的祝福或热烈的祝贺，可以营造热情洋溢、满堂欢喜的气氛，使演讲者和听众之间的关系更为融洽，让听众在快乐中提升自豪感和荣誉感。

比如，在以《做好时间管理，实现高效工作》的演讲中，演讲者是这样结尾的：

"如果把人生分为四天，那就是春天、夏天、秋天、冬天；如果把人生分为三天，那就是昨天、今天、明天；如果把人生分为两天，那就是白天、黑天；如果把人生分为一天，那就是每一天。祝愿在座的各位，快乐每一天、把握好每一天、收获每一天。"

（4）幽默式结尾

除了某些较为庄重的演讲场合外，利用幽默结束演讲可为演讲添加欢声笑语，使演讲更富有趣味，并给听者留下一个愉快的印象。演讲者利用幽默结束演讲时，要做到自然、真实，使幽默的动作或语言符合演讲的内容和自己的个性，绝不要矫揉造作、装腔作势，否则只会引起听者反感。

比如，有一次文学家老舍上台演讲，采用的是开门见山的开场白："我今天主要跟大家谈六个问题。"

然后，他就第一、第二、第三、第四、第五，按着顺序一个一个地谈下去。谈完第五个问题后，他看离散会时间也差不多了，于是提高了嗓门，一本正经地说"第六，散会！"

听众开始一愣，但几秒钟后，现场听众马上给老舍报以热烈的掌声。

6.3　V2：用声音增强表现效果

1．发挥停顿的力量

有经验的演说家都知道沉默是最有效的语言武器，恰当的停顿往往可以达到以下四种效果：

第一，用停顿与观众建立纽带，人们习惯在沉默的时候提高注意力，演讲者可以利用这片刻的安静一方面与听众进行眼神交流，另一方面用适当的停顿给听众鼓掌的时间，通过停顿与听众建立起连接的纽带。

第二，让观众有更多的时间去理解和思考。

第三，用停顿暗示转折和内容的切换。

第四，用停顿克服口头禅，演讲者越紧张就越可能使用口头禅，此时可以用停顿替代口头禅的出现。

在演讲过程中，可以尝试使用以下三种类型的停顿：

（1）感知型停顿

这种停顿通常出现在一句话或者一个要点结束时，目的在于使观众吸收刚刚获得的信息，能够跟上演讲者的语速。通常，听众很难一次处理三句话以上的信息，当达到这个极限值，听众就很难集中注意力。此时，通过停顿让听众游走的思想陷入你所制造的安静气氛中，你每次暂停，都有利于让他们把注意力重新聚焦到你及你所讲的内容上。

（2）强调性停顿

这种停顿专门用于强调某个重要观点，通过停顿以期让听众的头脑留下深刻的印象，在讲到重要观点之前，或在讲完重要观点之后使用这种停顿，让听众意识到你所讲的内容非常重要。

（3）互动型停顿

使用这种停顿，意味着你做了一段陈述，或是引用了一段广为人知的名言后，当你说出一句话的前半部分后，听众头脑中会主动想到要完成的这句话的后半部分，这个时候你主动停下来，等听众们开口完成整个句子，让他们与你形成良性的互动，从而会更加专注地听你讲话。比如，当我介绍科技对人们生活产生的影响时，我会说："中国有新四大发明，分别是高铁、扫码支付、网购和……"说到这里，我会稍微停顿一下，让听众讲完后面的部分，他们会顺着说"……共享单车"。在这里需要注意的是，等听众们说完整个句子，你还要再重复一遍，把想法表达完整。

2. 打造有变化的声音

演讲者在演讲中要根据演讲的内容变化语速、音量和音调，以增强演讲的效果。如图 6 - 3 所示,音量和语速的不同组合给人的感觉是有较大差异的。

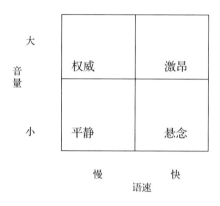

图 6 - 3　音量和语速的组合效果分类

演讲者应注重运用声音的技巧吸引观众,如果演讲者在自然状态时讲话是轻柔缓慢的,那么在强调信息时就可以变换到图 6 - 3 右上角的象限中,即音量大、语速快;而如果演讲者在自然状态下一直是比较激昂的声音,则在强调信息时,反而可以用较为平静的方式。

205

也就是说,没有所谓的最佳象限,关键在于不要在某一个象限内停留太久,试想,如果演讲的声音一直很激昂,则会让人感觉你过于热情,而如果演讲声音一直处于平静,则可能使演讲过程波澜不惊,让观众乏味无聊,所以声音的对比变化是关键。

除了音量和语速之外,声音变化中另一个最经常调整的方面就是音调。音调随着不同的词高低变化,演讲者可以通过逐渐增加音调,在句子结尾形成上扬的声调,以传递好奇的感觉,而在句尾逐渐降低音调,会传递出果断镇定的感觉。

6.4 V3：身体语言

如前所述，演讲者在观众中的印象55%取决于形象因素，包括站立或坐下的姿势、眼神、表情和动作等。想获得听众的信任，给对方留下好的印象，一定不能忽视身体语言，控制好自己的身体，从任何细枝末节处开始改变，哪怕是简单的站或坐，都不要将之看作是简单的身体动作，而应该将之视作是你精神状态、情绪的体现。

1. 手部动作

没有手势动作时，双臂保持舒适自然的状态，就像是和信任的人站着谈话一样，这是公众演讲时最有效的基本姿势，能够与听众建立连接，保持平等的对话关系。在台上要尽量避免以下手部动作：

双臂交叉——这是一种消极、具有挑战性的姿势；

叉腰——这是一种挑衅的表现；

双手背后——这是一种有所隐藏或者不够自信、比较紧张的表现；

双手插进口袋——这是消极不感兴趣的表现。

总之，一定要注意避免不当的手部动作，无处摆放的手会暴露出你的紧张和不自信。

在演讲过程中可以配合演讲内容给出一些手势，有效的手势将增强演讲效果。需要注意的是：

第一，手势在开始和结束时都不要太过于夸张，真实和自然是基本要求；

第二，不要总是重复同一个手势，这样会导致听众分散注意力；

第三，大部分手势应该保持在腰部以上脖子以下的区域；

第四，不要用指指点点的手势，如果需要用手给出指示，可以将手肘弯曲，手掌朝上，然后将手臂伸向听众。

案例：独特手势的效果

在东京申奥的最终陈述中，演讲者在说到最后一句话："我们会用日本独特的方式来欢迎你们。"为了让人感受到更加开放、亲和的感觉，他将手掌往上抬，斜着，微微张开，像一朵盛开的花儿。这样将身体语言、视觉效果加进去，增强了这句话的传播性，很多人因为这个独特的手势而记住了这句话。

2. 打动听众的眼神交流

熟练应用眼神交流技巧的关键在于，想象自己是与每一个听众单独进行一连串的谈话，每次谈话持续一个句子的长度，或是一个想法的长度。这样做可以避免演讲者不停地扫视全场听众，或是一直盯着地面或天花板。这个技巧要求演讲者随机地和房间里的某个听众保持 3~5 秒钟的眼神交流。

在试着与听众做眼神接触时可以想象一下蜜蜂在花间采蜜的情景：蜜蜂一般会先选择一朵花，然后飞过去，在那朵花上停留一会儿，采好花蜜之后再飞到其他花上，不断重复以上步骤。你也可以用蜜蜂采蜜的方式控制自己的眼神。演讲的时候，将你的眼神专注在几个人身上，对方会感受到你的真诚和尊重，然后你再将眼神慢慢转向其他听众。

在演讲结束的时候，应力求与每一位听众至少有一次眼神交流。在大型会场中，可以将听众分为 4 个区域或更多，然后把每个区域当成单独的个体，面对他们演讲 1～3 分钟。要确保身体完全面向演讲对象，不管是个人还是区域，让自己的头部、躯干和双腿成一线，同时保持两脚与肩同宽的距离。

善于演讲的人普遍认同眼神交流是最重要的演讲技巧，Toastermaster 演讲协会的几届冠军根据自己的经验总结了演讲中眼神交流的四个要点：

第一，演讲前不要马上讲话，站在讲台前方，让双脚牢牢地站稳，与此同时，看向听众的眼睛。如果听众人数比较少，可以和在场的每位听众进行眼神交流，如果人数较多，那么可以挑选几位面善的听众做眼神交流，切忌扫视全场。

第二，在演讲中不要过多的关注不友善的眼神。演讲者在演讲中总是想尽力取悦所有人，因此他们的目光很难从那些表情凝重的人身上移开，他们试图通过对视弄明白对方在想什么，但这样做却往往会拖累演讲。正确的做法是抑制自己的好奇，将目光转向那些眼神友善的人，与他们对视。

第三，在演讲中和个别听众对视的时间应以心跳而不是秒为单位计算，一般以三到五个心跳为宜，毕竟演讲者和听众的交流得靠身体感受，而不是靠机械式的计算。

第四，在演讲中如果有 PPT，先看向或碰触 PPT 上的内容，然后转身面向听众后再开始讲解，同时眼睛直视个别听众，讲完这一张 PPT 后与另一位听众进行眼神接触。

3. 站姿和坐姿

演讲者往往是站着演讲的，站立不仅仅是身体的动作，也是精神的体现。在正式场合，人容易感到紧张，会无意识地将双腿紧紧贴在一起，站得笔直，看起来像一个士兵，但这样的姿势会让人感觉不自然，并且显得很拘谨。其次，双腿夹紧会站不太稳，身体会摇晃，只有双腿略微张开的时候才能站稳。

不仅是站立，坐的时候也要意识到躯体的力量。有一位国外的政治家曾经提到，在接受采访时，即便现场没有观众，或者接受的是电话采访，他都会保持身体笔直，用一种非常端正的坐姿进行谈话。因为他认为，哪怕是通过电话采访，声音仍然会体现出他的精神状态，松散的坐姿可能会导致声音的无力。因此，即使是在电话中，尤其是说重要的事情时，一定不要呈现松散的坐姿。

6.5　即兴演讲的框架

在商务活动中，我们会经常经历即兴演讲的场合，比如开会时，会议主持人会突然点名让我们发言；在电梯偶遇领导，领导突然问起来工作上的情况；在拜访客户时，客户突然让我们就一个预想不到的问题发表看法……

这样的场景不胜枚举，很多时候我们认为"跟着感觉走"即可，但是却发现虽然自己滔滔不绝，听众却丝毫不领情，或者一开口就语无伦次，磕磕巴巴。在这一即兴时刻，如果我们掌握了一些必备的技巧，完全可以抓住这一稍瞬即逝的机会打动观众。

1．即兴演讲的特点

即兴演讲往往都是在即兴的情境下发生，没有太多时间准备，通常具备以下特点：

没有时间准备，演讲通常是脱稿的，在讲的过程中还在即兴创作；讲话时间一般不会太长，也多为非正式的；对讲话者的随机应变能力要求很高，系统经历过培训且有实战经验者往往能够自如应对；如果表现出彩，能在短时间内提升个人魅力，拉高人气。

下面列举了几种常见的即兴演讲情境，读者可以结合工作实际看看是否经历过。

在求职面试中，回答 HR 一系列开放式的提问。

在电梯偶遇领导，在只有你们两人的封闭空间中琢磨自己该说什么。

刚刚开始一个原计划 30 分钟的汇报，突然老板打断你，让你5 分钟内说完。

去参加一个部门工作协调会议，原来只准备去听听就可以了，突然主持人问到你的想法和计划是什么。

参加朋友的婚宴，正在旁边饶有兴致地看热闹，朋友突然请你上去说几句……

2．用一个框架搞定即兴演讲

应对即兴演讲关键在于迅速反应，从被点到名字到上台发表演讲可能只有几十秒钟，如果能够掌握一个比较成熟、好用的框架则可以在瞬间组织起思路，根据朱迪思·汉弗莱所写的《即兴演讲》所提出的框架，如图 6-4 所示，就适用于这种场合。

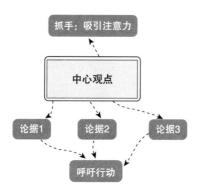

图 6-4　即兴演讲的框架

（1）抓手部分

抓手被视作是"口头的握手"，用于和听众建立联系，引起听众的兴趣，使之有兴趣且有耐心听你说下去。抓手不仅要能吸引听众，还要与你讲的要点相联系。比如在面试中，自我介绍的抓手部分可以是感谢面试官给予自己机会，也可以进一步说出自己对公司是多么景仰，从而表示自己应聘该公司的诚意。

211

《即兴演讲》的作者朱迪思·汉弗莱曾提到：多年来，我面试过很多想入职汉弗莱集团的人，我总是注意候选人的开场发言有没有提及我们公司，面试一个对公司很感兴趣的候选人会让我更加兴奋。

（2）中心观点

中心观点也即在这段沟通过程中自己的核心观点是什么，具备以下五个特征：

第一，中心观点是沟通信息中的重点，必须围绕这个重点，如果没有重点，观点太多，则会使听众不知所云，等于没有观点。

第二，必须清晰、简单，可以用一句话概括，越简单要点则越突出。

第三，中心观点要足够吸引人，最好能够打动听众的心。

第四，中心观点积极和正面，包含希望、目标、可能性和成就，传递满满的正能量。

第五，清晰可辨。采取强势、明确、宣告式的陈述方式，以确定的语气凸显自己的观点，还可以用"我认为""我相信""事情是这样的"等语言作为标识中心观点的信号。

（3）论据

论据的作用在于说明了自己所提出的观点以后，还要解释为什么，这些论据之间也要以一定的结构进行呈现，常用的结构包括：

第一，原因模式，即罗列各种原因来支持主要观点，比如我想说明是"我是一个勤劳肯干、善于动脑筋的人",则需要通过几个理由（或者事例）来证明我的这种特质。

第二，方法模式，这里呈现的是实现中心观点可以采取的具体行动方式，也就是解决问题的步骤，比如我的中心观点是"我知道我可以解决这个客户服务的问题"，论据则是解决这个问题每个步骤的内容是什么。

第三，时间顺序模式，即通过时间序列详细描述讲话要点，比如要点是"我出色地完成了 6 个月的实习工作"，接下来的要点可以是以时间为轴介绍每个阶段所取得的业绩。

第四，地点顺序模式，与时间顺序模式的逻辑大致相同，以地理位置为轴展现论据以支持论点。

（4）呼吁行动

这个部分通常要求听众对讲话要点采取行动，也可以告诉听众你打算采取的行动，或者总结大家应采取的一些协同行动。这也是一个再次强化自己的观点，感染、吸引、启发和激励听众的过程。

3. "即兴演讲框架"的应用

在这里我们以自我介绍为例，看看如何应用"即兴演讲框架"让自我介绍亮起来。

自我介绍的内容不能是千篇一律的，必须根据所申请职位的介绍，精确地将自己的优劣势与职位所需技能和经验进行对比，然后再开始准备，列举自己适合这个职位的原因。

抓手部分可以是感谢面试官给予的机会，也可以显示自己对于公司或者面试官的了解，并且对于公司非常感兴趣，以此打动面试官，让面试官感觉到你已经做了充分的准备，非常有诚意。

中心观点当然是自己正是这个职位的最佳人选。

论据可以从教育背景、实习经历（工作经历）、以往的业绩、价值观等各个层面并列说明。

而呼吁行动部分则可以是在总结亮点的基础上表达自己很期待来公司工作的意愿。

值得注意的是，根据记忆力规律，建议论据的要点不可过多，3 点足矣。如果自我介绍的时间比较短，比如只有 10 秒钟，可以只说中心观点。如果没有足够时间把论据全部说完，可以根据重要性，把最能说明中心观点的亮点放在前面。

此外，按照这个思路准备自我介绍，即使没有自我介绍环节，也可以在 HR 问到相关问题时抽取部分内容进行回答，比如在回答"你为什么对这个职位感兴趣？"这个问题时，就可以用抓手和中心观点的内容进行回答（我对于这个职位感兴趣、我对公司的认识，我适合这个岗位），然后进行详细解释。

为了对于上述问题想得清楚、说得明白，也可以用思维导图呈现这个结构化的模板。这样做的好处是，当自我介绍的时间要求不同时，也可以让我们很快确定在有限的时间内讲什么，比如只有 10 秒钟，则主要讲抓手和中心观点，如果有 30 秒钟，则可以增加一个最相关的论据，而如果有 2 分钟，我们可以基本呈现主要的论据，而如果再有多的时间，我们就可以在各个论据下讲具体事例来进一步验证了。

下面通过一个案例来说明以上分析过程。

案例：培训师的自我介绍

某知名教育机构招聘从事市场营销方面课程设计与讲授的培训师一名，对于应聘者的要求是具备 5 年以上从业经验，能够独立设计与讲授营销方面的课程，并且能够根据客户需求开拓新的课程。那么我们将如何准备自我介绍呢？

图 6 - 5 的思维导图展示了根据"即兴演讲"的框架所设计的自我介绍内容：

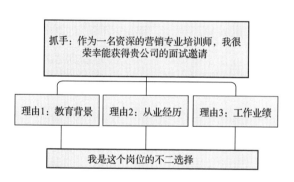

图 6 - 5　应聘培训师的自我介绍框架

215

根据以上思维导图所提供的框架，那么无论是限定多少时间的自我介绍还是回答相关的问题，相信各位读者都能游刃有余地从容应对了。

4. 使用即兴演讲框架的要点

（1）一头一尾要出彩

即兴演讲时间很短，根据注意力发展规律，听众在演讲开始和演讲结束时注意力最为集中,所以如果在开头能够吸引听众,在结尾呼吁听众时具有感召力,就会给听众留下深刻的印象,迅速提升个人的公众形象,即使演讲主体部分不是那么完善,也不会影响到演讲效果。

一开口就要吸引到听众,触及他们的内心,从而获得整个会场的注意力,尽可能做到"语不惊人死不休"。

具体而言,通过抓手和听众建立沟通的桥梁,所采取的技巧可以是从听众熟悉的事物开始,比如直接称呼名字、说一些和听众有关的事情、讲出他们曾经提出过的某个观点、询问他们的情况或者提出他们感兴趣的事情。面对不同的听众,我们采取的抓手是不同的,关键在于根据听众情况,通过合适的抓手与之建立融洽的关系,因此在开口前对听众进行分析是十分必要的,听众的偏好、关注点和兴趣点等都决定了抓手的选取。此外,抓手的选取不仅要能吸引到听众,让听众参与进来,还应与你要讲的内容相联系。

比如开会时突然被主持人点名起来发言,在开头时可以简单总结已有的观点,或者表示自己赞同某人的观点,比如,"刚才大家的讨论主要集中在是继续深入开拓国内市场还是开拓国际新市场""我赞同刘力关于增加营销预算的观点",这样的好处在于一开口就让听众意识到自己对他们的尊重,通过直接表示赞同某些听众的观点也比较容易获得他们的认可和重视。

再比如一开始就可以从听众熟悉的场景切入,迅速获得他们的好感,拉近双方的距离。比如面对刚入大学的新生发表讲话,可以从回顾自己初入大学的情境谈起;面对即将入职的新人,可以从自己刚入职时谈起，通过产生共鸣让听众对所讲的内容感兴趣。

在发言结束时要求听众对讲话要点采取行动，也可以向听众介绍你打算采取的行动，或者号召大家一起采取某种行动。与开头的抓手部分一样，呼吁行动也要尽可能吸引听众，运用简短有力的结束语激发和启发听众，所谓"余音绕梁，三日不知肉味"，通过强有力的结束语掀起一个演讲的高潮，让听众意犹未尽时戛然而止。

（2）要点要有力量

要点要高度概括总结，清晰准确地传递演讲者的观点。讲话缺乏要点就会导致语言组织胡乱，逻辑思路不清，即使滔滔不绝却让听众不知所云。

217

案例：10 个字说明我们要选择你的理由

有一家大型网络安全设备公司在某个项目的招投标过程的最后一个环节向所有投标的供应商提出了一个问题：请用 10 个以内的词回答为什么我们要选择你？大多数供应商面对这个问题束手无策，毕竟为了竞争这个项目大家都准备了上百页的文档，现在却要缩短到 10 个字，怎么可能？但是有一个供应商却轻松地给出了他们的答案：我们是最令人安心的唯一供应商。这个要点清晰明确，而且也正中招标公司下怀，因此该供应商轻松地拿到了这个项目，由此可见简单、明确、令人信服的信息所具有的魅力。

有力量的要点具有以下五个特点：首先，要点是简单、清晰的一句话，如果句式冗长而复杂，则听众会比较难以理解。第二，要点足够吸引人，让听众能够理解、相信，并且触动听众的内心。第三，要点要承载自己的信念，要说服别人的前提是先说服自己，因此必须先确保自己相信自己所讲的要点。第四，积极正面，讲话要点尽可能包含希望、目标、可能性和成就，即使同时包含了消极因素和积极因素，也必须从消极转向积极，在听众中先建立一种紧迫感，引起大家的重视，再引出积极和正面的建议。比如，市场份额这两个月下降很快，在表述观点时可以先说明问题的严重性，然后再告诉大家下面应该做什么。第五，清晰可辨，以确保每个听众都能辨识出你讲话的要点，此时应采取强势、明确、宣告式的陈述方式，以确定的语气凸显这些要点就是你的主要观点，为此，可以考虑用"我认为""我确信""正如我所见"的表达作为要点陈述的开始。

（3）论证要有结构

一个结构清晰的论证过程能让你更加清楚地传递要点，毕竟在分享了你所相信的观点以后，还要分享为什么。

比较实用的论证结构包括：

● 原因模式

这种模式要列举各种原因及理由支持主要观点。

举例

论点：公司销售额下降是由于网络冲击所造成的。

论证：

第一，竞争对手都纷纷开始开拓网络市场，而我们还没有采取行动；

第二，客户越来越青睐于使用网络渠道。

- **方法模式**

这种模式是列举实现主要观点可以采取的具体行动方式，或者是那些必须完成的事项。

举例

论点：我们可以采取一个系统的方案降低公司员工的离职率。

论证：

首先，为员工提供职业生涯方面的辅导；

第二，为员工提供全方位的培训体系；

第三，为员工提供更多上升的平台；

第四，改革薪酬体系。

- **情况/反应模式**

当讲话要点涉及某种情况或挑战而需要采取行动时，可以使用这种模式，即先描述情况或者挑战，再说明如何回应。

举例：

论点：由于互联网的冲击，导致去年开始我们的销售额下滑，从今年开始我们采取了一系列举措扭转这种下滑趋势。

论证：

第一，采取了渠道下沉的策略；

第二，开始和知名网络平台合作开拓网络渠道；

第三，和知名新媒体运营公司合作开展新媒体营销。

● 时间顺序模式

按照时间顺序详细描述讲话要点。

举例：

论点：我们将在 6 个月的时间内完成本项目的研究。

论证：

第一步，用 3 个月时间完成调研；

第二步，用 1 个月时间完成初稿的撰写；

第三步：用 2 个月时间征询意见，并修改初稿，直至评审会论证通过。

为了让听众更加清晰的理解论证过程，一方面可以在说完要点后暂停一下，以提醒观众下面将进行论证；另一方面，也可以使用第一、第二、第三的标识性词语引领听众跟随你的思路，帮助他们跟上你讲话的节奏。

总之，即兴演讲的结构将通过清晰的结构化表达让受众轻松地理解我们所讲话的内容。

6.6 锦上添花：PPT 的设计

1. 为什么使用 PPT?

(1) 让受众愿意看

客户永远是缺乏耐心的，他们没有耐心看长篇大论的 Word

稿子；老板永远是没有时间的，他们没有空听你唠唠叨叨讲个不停。PPT 提供更为视觉化的表达方式，用人们喜欢的方式进行陈述。

（2）让受众能看懂

PPT 通过更丰富的视觉化表达方式，包括图形、色彩和动画等让受众更容易获取信息。与 Word 的纯文字形式相比较，PPT 所具备的特点（见表 6-1）决定了这种形式更加符合受众的认知习惯，能够使受众更加容易地看明白。

表 6-1　PPT 的特点

PPT	Word
右脑思维	左脑思维
感性表达	理性说服
突出关键	堆积素材
立体表达	平面表达

221

2．使用 PPT 常见的错误

（1）信息泛滥

演讲者站在大屏幕前面，一边讲一边变换屏幕上的 PPT，这本来已经使观众目不暇接，而有的演讲者在开始前还主动把 PPT 打印出来，发给听众，人手一份。演讲开始后，听众一边低头看讲义，一边抬头看 PPT，还要一边听演讲者讲 PPT 的内容，这就造成了信息的"三重传达"，对听众的感官绝对是灾难性的打击，因为这会让他们昏昏欲睡。一旦演讲者照着稿子一个字一个字地念，听众就会更加反感：我们又不是小孩子，我自己不会念吗？这样一来，你和听众就不能建立联系，不能形成互动交流，当然也就很难打动听众了。因此，一定要等演讲结束后再分发讲义，因为演讲是一件很纯粹的事情，只有一个目的，就是让听众专注地聆听你的观点。

（2）喧宾夺主

PPT 的主要功能是产生视觉冲击力，这种视觉冲击力可以加强和巩固演讲者传达的信息，除此之外，PPT 不应该具备其他功能，切忌让 PPT 喧宾夺主。因此，在制作 PPT 时应注意用简短的标题，避免用过长的句子。因为在有限的空间内，挤进去的词越少，字体就可以越大，也就更醒目。而且用词越少，听众更容易在很短的时间内掌握你要说的要点。那么多长算合适呢？标准是不换行。因为换行会让听众不得不来回看，这给他们带来很多负担，所以要尽量省略介词、连词和其他没有必要的词语，把冗长的要点缩略成标题式的要点，让听众一目了然。

（3）PPT 过于花哨

PPT 不是明信片，我们需要的是清晰简洁的 PPT，因此，做 PPT 时不要选择过于花哨的字体，也不要选择那些风马牛不相及的图片，千万不要因为追求个性和创新而把 PPT 做得花里胡哨。一场演讲从头到尾，最好只用两种字体，最多三种，保证前后统一，这样传递的信息才会清晰、一致。

3. 优秀的 PPT 应该具有哪些特点

（1）设计思维，站在观众的视角

考虑到大脑偏爱简洁，如果提供的信息量过度复杂，听众就会失去继续浏览的兴趣。牢记你提供的信息量越大，听众记住的信息量就越少。

在设计 PPT 内容时，不要总是想着你要说什么，要考虑听众希望看到什么。不仅要想到别人看到的是什么，还要思考别人看到后是否可能产生一致的理解。

（2）可视化、结构化地展示信息

设计 PPT 最容易犯的错误往往有几个共同点：杂、乱、繁、过。比如下面的五张 PPT，如图 6-6～图 6-10 所示。

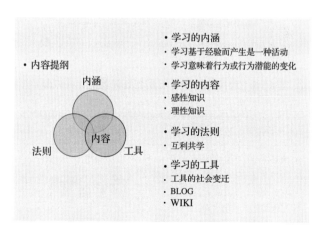

图 6-6 视力测试型（不是有项目编号就好看）

· 增值业务部人力资源基本状况——合同员工基本情况

基本信息	性别		年龄			学历			收入			
类别	男	女	18~28	29~39	40及以上	本科以下	本科	本科以上	3000以下	3000~5000	5001~8000	8001及以上
人数	19	31	12	23	15	8	23	19	3	12	13	12

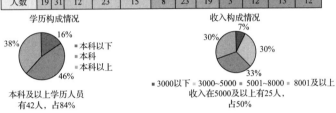

学历构成情况

16%
38%
46%
■ 本科以下
■ 本科
■ 本科以上

本科及以上学历人员
有42人，占84%

收入构成情况

7%
30%
30%
33%
■ 3000以下 ■ 3000~5000 ■ 5001~8000 ■ 8001及以上
收入在5000及以上有25人，
占50%

图6-7　五颜六色型（不是颜色多就能让人悦目）

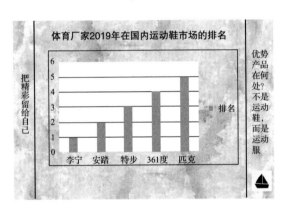

把精彩留给自己

体育厂家2019年在国内运动鞋市场的排名

排名

李宁　安踏　特步　361度　匹克

优势产品在何处？不是运动鞋，而是运动服

图6-8　盲目闪烁型（不是到处闪就能让人喊酷）

以往管理者必须具备的素质

· 服从命令，听从指挥；
· 立场坚定，爱憎分明；
· 吃苦在前，享受在后；
· 三大纪律，八项注意；
· 鞠躬尽瘁，死而后已！

图6-9　错用图片型（不是有图片就能够加分）

化学成分\地区	全铁	氧化亚铁	成分（质量分数，%）					
			二氧化硅	氧化铝	氧化钙	氧化镁	硫	磷
磁铁矿 东鞍山	33.8	0.68	50.25	0.52	0.55		0.006	0.011
磁铁矿 齐大山	31.7	4.35	52.94	0.19	0.34	0.8	0.031	0.035
赤铁矿 东鞍山	31.1	1.2	52.2	0.23	6.22	0.3	0.002	0.011
赤铁矿 齐大山	25.8	0.9	58.3	0.18	9.35	1.2	0.001	0.014
赤-磁铁矿 东鞍山	27.2	2.54	54.78	0.78	3.44	0.8	0.009	0.032
赤-磁铁矿 齐大山	22.8	4.62	60.36	0.93	1.23	0.5	0.023	0.032

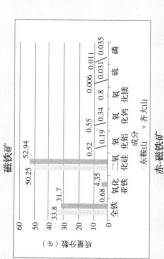

图 6-10 堆砌图表型（不是图标多内容就清晰）

225

造成以上问题的原因往往是因为：

第一，为了节约时间，直接把 Word 素材复制到 PPT 上，缺乏提炼和总结。

第二，在页面上堆积大量图表，却没有考虑这些图表想说明什么问题，也没有在 PPT 上进行文字表述。

第三，滥用模板或图片，不考虑所用的模板是否和自己的主题相匹配，是否迎合受众的偏好。

第四，不注意 PPT 的配色、字体和排版，结果做出来的页面花花绿绿，文字太小或颜色不搭，观众看不清楚。

总之，好的 PPT 应该具备的特征是：通过"逻辑化 + 视觉化"的展示，做到"专业、清晰、简洁"，如图 6 - 11 所示。

专业=高质量图片+专业的模板+正确的使用
清晰=统一的排版+有力的逻辑+新颖的转场
简洁=合适的母版+逻辑化、视觉化的构思

图 6 - 11　好的 PPT 应具备的特点

为设计符合以上要求的演讲用 PPT，要注意遵守 SPFA 原则和 VISUAL 原则。

演讲用 PPT 逻辑化和视觉化的 SPFA 原则：

- S（make it simple）：越简单越好。
- P（psychological）：符合阅读心理期望，例如内容的显示顺序是从左到右和从上到下。

- F（make it easy to follow）：不要让观众去猜想你接下去要讲什么内容。
- A（attractive）：要吸引人。

演讲用 PPT 设计的 VISUAL 原则（视觉化原则）：

- V（visibility，可视性）：采用的字体足够大，让每个人都可以清晰地看到。
- I（interest，兴趣）：要使用图表、图案和色彩等方式增强幻灯片的趣味性。
- S（simple，简单）：内容简单明了，突出关键概念。
- U（use，实用）：帮助演示者和听众保持介绍主题的同步。
- A（accurate，准确）：演示 PPT 和听众使用材料内容吻合。
- L（long，持久性）：让听众对演示内容产生深刻的记忆。

227

（3）将最重要的内容放到左上方

Google 眼球试验表明：我们在浏览页面的时候，眼球运动呈 F 型，我们只会注意页面上方的部分所关心的内容，对其他地方关注度很低。将这个理论应用于幻灯片设计中，要把标题或者页面最重要的结论放到左上方，要记得听众的注意力是有限的，当他们第一眼没有看到自己最关心的东西时，是不会再在页面上去寻找他感兴趣的东西的。另外在安排信息排序时，要注意先标题后段落，先图画后文字，把要强调的地方放到前面。

总之，按照结构化表达的要求设计 PPT 必须满足以下标准：

- 每张 PPT 先亮出你的结论，结论用陈述性语言，不要用标题性语言；

- PPT 上只放置最重要的信息；

- 所有的信息必须经过分类；

- 每张 PPT 上只演示和说明一个论点；

- 提高 PPT 的趣味性（趣味性不是依赖于动画，而是取决于布局、字号选择和颜色应用）

- 降低 PPT 的复杂性（不要用眼花缭乱的图片和动画方式，如果动画方式比较复杂，可以用"搭积木"的方式逐步展示幻灯片）

4. 如何设计专业化的 PPT?

演讲中设计专业化 PPT 的大致设计流程如图 6 - 12 所示。

图 6 - 12　专业化 PPT 的设计流程

(1) 情景分析

在这一步中重点分析演讲目标、内容、听众、场合、时间等因素，为确定 PPT 的风格、模板、素材、形式和排版做准备。其中听众分析是最为关键的一个环节，分析观众时应考虑以下问题：

- 我为什么要做这次演讲?

- 我最想传递的信息是什么?

- 为了说服谁?

- 观众的数量、年龄、性别、职业、学历、岗位?

- 观众对什么感兴趣?

- 观众熟悉材料吗?

- 观众喜欢怎样的素材形式?

- 观众对话题有抗拒心理吗?

- 观众听过类似的介绍吗?

- 我们的价值交换点是什么?

不同类型的听众适用于不同的演讲风格,也决定了 PPT 制作的要求会有所不同。表 6-2 列举了针对不同类型的听众,在各种不同的演讲场合中 PPT 的制作要求。

表 6-2 不同场合 PPT 的制作要求

应用场合	关注内容	PPT 制作要求
下级向上级汇报工作	业绩 KPI 完成情况	符合规范、图表说话
上级向下级宣讲政策	政策变化带来影响	形象直观、清晰易懂
老总向领导介绍公司	公司形象和实力	大气美观,多用高质量照片和动画
顾问与客户咨询交流	问题的解决方案	多用专业的分析模板和流程图
销售向客户推介产品	产品价值和特性	清晰诱人的产品图片
老师向学生传授知识	知识的深入浅出	多媒体课件系统应用

(2) 结构设计

完整的 PPT 结构包括以下内容,如图 6-13 所示,其中可以没有摘要页、转场页和总结页。

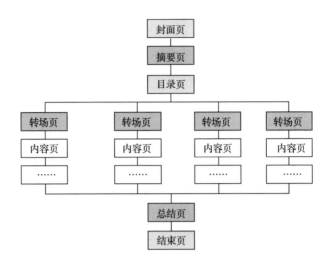

图 6 - 13　PPT 的完整结构

（3）提炼美化

制作 PPT 时，常见的错误之一是将 Word 的段落标题直接转换为 PPT 大标题，将段落的中心句直接转换为 PPT 小标题，将段落的素材转换为 PPT 小标题下的内容。这种方法只是简单地将 Word 材料中不重要的信息剥离出来放到 PPT 中，容易受到 Word 素材的限制，难以发挥 PPT 用图说话的优势。

正确的做法是先读懂和理解材料，再从材料中提炼主要观点，理清楚思路，然后构思页面，制作 PPT，大多数人最大的问题就是局限于 Word 的内容，缺乏提炼。

因此制作 PPT 时，提炼非常关键，要思考用什么样的逻辑组织信息，用什么样的图表来表达逻辑。表 6 - 3 列举了提炼材料的方法。

表 6 - 3　提炼材料的方法

方　法	要　求	原　则
列表化	将核心观点用项目编号列表展示	文不如字
图表化	<ul><li>将复杂事物列表展示</li><li>用图表表达数据逻辑关系</li><li>用文字配图片表达观点</li></ul>	字不如表
图形化	<ul><li>用概念图表达核心观点</li><li>用文字配图片表达观点</li></ul>	表不如图

提炼素材的基本原则包括：

- 易懂：提炼出来的文字必须让观众一看就明白，或者在看了解释之后能明白该观点的意思。

- 简洁：文字简洁、精炼，最好是同样的词性组合，比如：动词＋名词。

- 适度：观点与演讲的主题和听众的级别吻合，比如，都是领导之间的汇报，观点要相对温和些，尽量少用"必须""不得不"等词汇。

231

在提炼美化阶段，根据要传递的信息，尽可能多选用图表，且应注意使用规范的图表格式，如图 6 - 14 所示。

在选择图表时，可以根据需要通过不同的形式掩饰或强化一些数据，使观众对作者想要表达的观点一目了然，如图 6 - 15 的 PPT。

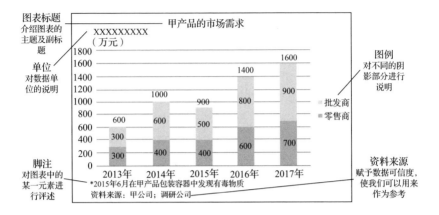

图6-14　完整的图表示例

业绩	Q1	Q2	Q3	Q4
团队A	40	45	57	79
团队B	15	16	30	50
团队C	5	10	18	30

图6-15　某团队业绩一览表

从这张PPT中是很难看出哪个团队业绩突出的，但是改为以下的图表形式效果就不一样了，如图6-16所示。

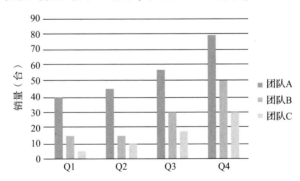

图6-16　改为柱形图形式的业绩图

从以上柱形图可以一眼看出团队A的业绩一枝独秀。

为了方便读者选择合适的图表，图 6－17 罗列了常见的几种图表所能传递的信息类型，我们可以根据自己想表达的观点有针对性地进行选择。

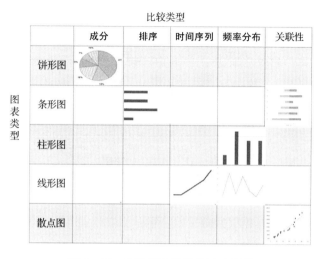

比较类型
成分
排序
时间序列
频率分布
关联性
图表类型
饼形图
条形图
柱形图
线形图
散点图

图 6－17　常见图表逻辑关系对应图

5. 实战举例

下面通过几个实例说明结构化表达在制作 PPT 中的应用。

实例 1

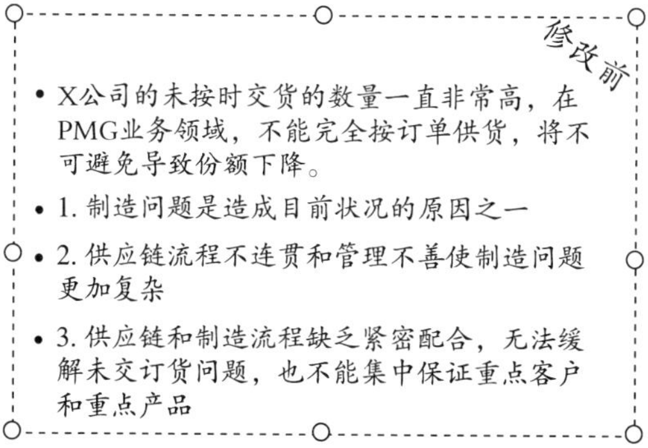

修改前
• X公司的未按时交货的数量一直非常高，在PMG业务领域，不能完全按订单供货，将不可避免导致份额下降。
• 1. 制造问题是造成目前状况的原因之一
• 2. 供应链流程不连贯和管理不善使制造问题更加复杂
• 3. 供应链和制造流程缺乏紧密配合，无法缓解未交订货问题，也不能集中保证重点客户和重点产品

图 6－18　修改前的实例 1

问题诊断：

① 文字过于密集；

② 要点不突出。

- 现实：未按时交货的数量大！
- 1）制造存在问题
- 2）供应链流程不合理
- 3）制造/供应链缺乏整合

图6-19　修改后的实例1

修改思路：

① 将主要结论放到醒目的位置；

② 提炼出要点，逐条列出。

234

实例2

- 发挥整体优势，深挖龙头增值业务市场潜力

| 灵通短信 | 灵通增值业务
捆绑与开发并使 | 灵通彩铃 |

- 及时推出"灵通地带"等短信包月套餐，通过捆绑销售发挥产品的整合营销优势
- 针对政企客户加强客户信息手机
- 余下正文略

- 走套餐捆绑之路，有效提高七彩铃音渗透率
- 丰富针对性营销内涵，发展有效用户
- 余下正文略

取得成绩
- 短信活跃用户保持在300万户左右，包月用户月收入突破1000万元
- 与40所高校签订了信息手机商务短信使用协议，商务短信用户已达2000户，总发送量已突破800万条
- 通过套餐捆绑累计发展小灵通七彩铃音用户10万户，"5+1"用户已达4万户

图6-20　修改前的实例2

问题诊断：

① 标题没有突出中心思想；

② 字多，关键信息不突出；

③ 材料堆积，看不清思路。

修改思路：

① 标题先列结论；

② 统一字体、编号，突出关键信息；

③ 用4P逻辑组织材料，建立金字塔。

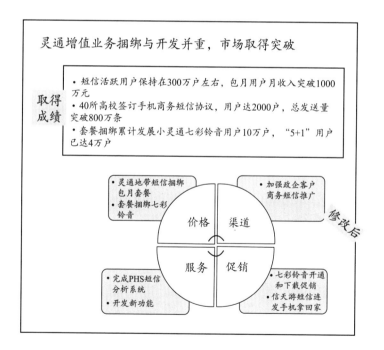

图 6-21　修改后的实例 2

实例 3

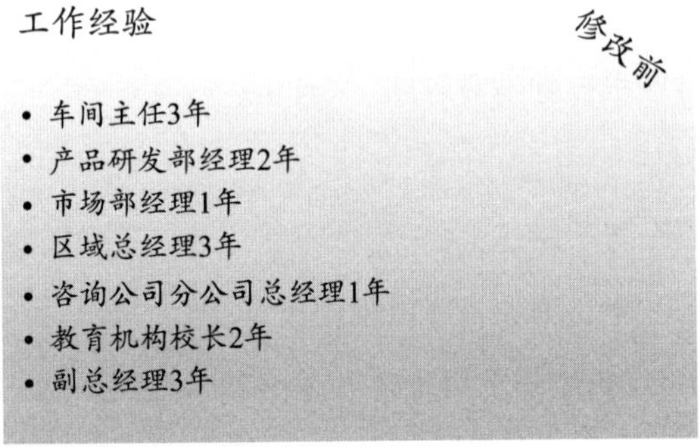

工作经验
修改前
• 车间主任3年
• 产品研发部经理2年
• 市场部经理1年
• 区域总经理3年
• 咨询公司分公司总经理1年
• 教育机构校长2年
• 副总经理3年

图 6－22　修改前的实例 3

问题诊断：

① 素材组织是流水账，没有体现职业生涯的发展势头；

② 素材信息不完整。

我的职业生涯
修改后
1994 ~ 1999
A公司车间主任、产品研发6年
2000 ~ 2003
B公司
区域总经理3年
2004 ~ 2006
C公司总经理3年
2007 至今
D公司副总8年

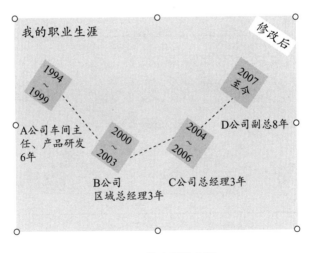

图 6－23　修改后的实例 3

修改思路：

① 按时间顺序组织金字塔结构；

② 用上升阶梯体现职业生涯成长路线；

③ 围绕每个时间节点补充完整信息。

6.7　一张思维导图备战演讲

无论是有足够时间准备的演讲还是即兴演讲，使用思维导图都可以帮助自己快速组建演讲纲要，梳理演讲思路，让演讲内容迅速而清晰地呈现出来，因此在思考演讲思路时，最好养成一个画思维导图的习惯，边想边画，待思维导图跃然于纸面时，演讲结构也就成形了。

1. 画思维导图的好处

（1）系统梳理演讲大纲

演讲目的是什么？听众有什么特点？如何设置演讲的亮点？这些都需要演讲者对演讲内容进行整体设计，而通过绘制思维导图可以帮助我们明确演讲纲要和研究重点，并有利于我们对整个演讲结构熟记于心，甚至在登台演讲时只需要带上思维导图，以帮助自己脱稿演讲。

（2）清晰呈现演讲细节

通过思维导图对演讲大纲进行层次分解，可以使演讲内容得到逐步细化，使得演讲内容更加丰富和完整，对行动要求也更加明确。梳理思维导图时，注意用关键词凝练各分支要点。正式成文时，还可以按照自己的语言习惯展开描述。

（3）方便记忆演讲内容

通常我们不鼓励一字一句地去背诵演讲内容，通过思维导图将研究内容结构化，在事先进行排练时可以将演讲重点、要点、观点、故事和案例等信息用显眼的字体或颜色进行标注，这样让我们一目了然地对演讲内容进行回顾，即使演讲中出现紧张或者忘词等意外情况，也可以通过扫视思维导图，帮助我们迅速找回线索。

2. 如何用思维导图备战演讲

为了说明整个画图的过程，下面通过一个例子来说明。

案例：用思维导图克服上台发言恐惧症

小刘接到领导安排的一个任务，让他在全公司年中总结会上介绍公司所在城市营商环境的最新变化以便于相关领导决策，时间为 45 分钟，小刘每次上台讲话都比较紧张，这次为了做好充分准备，小刘决定用思维导图来设计演讲内容和结构，并基于思维导图设计发言用的 PPT。

- 第一步：画出思维导图的基本结构

演讲通常包括三个部分：开头、中间、结尾。如前文所分析的那样，开头旨在引导听众切入主题并对演讲者所讲的内容产生兴趣；中间的内容为主体部分，按照凡事"讲三点"的原则可以分成三个部分详述；结尾再次回顾强调重点，或者可以提出建议和期望。具体的思维导图结构如图 6 - 24 所示。

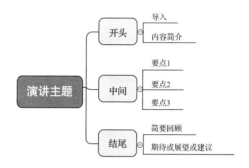

图 6 - 24　演讲大致内容的结构图

● 第二步：根据演讲内容完善大纲

按照这个结构，小刘在查找资料后整理好了思路，然后将自己想要分享的内容填入以上的基本结构模板内，整个演讲培训的内容和流程一下子就清晰了起来，如图 6 - 25 所示。

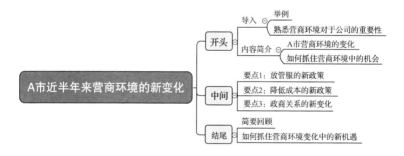

图 6 - 25　演讲完整内容的结构图

● 第三步：突出重点，加强记忆

画出的思维导图已经将整个演讲的逻辑进行了梳理，这时可以根据思维导图的内容制作 PPT，并练习发言。在重点或容易遗忘的地方,可以通过增加图标或插图的方式帮助自己加深记忆。

本章思维导图

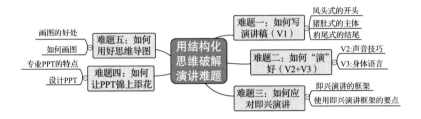

第 7 章

用结构化表达
破解写作难题

Chapter
Seven

写作是改变人生命运的捷径。因为90%的人都不善于通过写作系统地表达自己的思路，10%的人就有了比较优势。特别是在商务活动中，作为职场人士我们会经常面对写工作报告、咨询报告、工作总结等诸多需要动笔杆子的任务，此时如果善于将结构化表达应用于这些商务文书的写作之中，更容易在职场竞争中脱颖而出，毕竟善于写作的比较优势是少数群体才具备的能力。

7.1　设计标题：让读者耳目一新

1. 好标题都有共同的套路

标题是读者首先看到的，好的标题能抓住读者的眼球，使文章在众多的文章中脱颖而出，而如果标题平淡无奇，即使文章写得再棒，也难入听众法眼。毕竟这是一个信息泛滥的年代，如果没有办法在标题上就给人耳目一新的印象，再好的思想也没有机会传递给听众。

我们可以看到但凡是不断被转载、阅读量过万的微信好文都有一个绝妙的标题，以下都是被读者广为转发的文章标题，看看它们有什么特点。

人为什么活着？

90% 的人都不知道如何做自我介绍

女人不可以穷

卖保险的是如何忽悠你的

1993 年出生的她成了上市公司的总监，你和她差的不止一点

……

通过以上例子，我们可以总结好的标题所具有的共性：有趣、有用和设置悬念。比如《卖保险的是如何忽悠你的》这是利用反常识的观点让读者产生阅读的兴趣。《1993 年出生的她成了上市公司的总监，你和她差的不止一点》让读者很想知道文章的主人公有什么过人之处，对自己会有何种启发。《人为什么活着?》这可以激发读者的好奇心，毕竟这是所有人共同关心的问题。

2. 匠心打造吸引人的标题

通常在开始写作文章时可以先草拟一个标题，而在写完文章以后则要注意字斟句酌，反复地思考和修改标题，因为如前所说，标题实在太重要，至少会影响到文章 50% 以上的阅读量。在整个思考过程中，建议重视以下四个方面。

(1) 确定文章的主题和内容

根据文章的内容，用一句话将文章的主要观点和内容进行提炼，并总结出 3 个左右的关键词，因为好的标题也必须做到简单与准确，单纯追求标题出奇制胜而不考虑内容是否匹配，会有"标题党"之嫌。

（2） 分析受众

在对标题进行包装之前要考虑谁是文章的主要读者？这些读者有什么偏好？有什么痛点？有什么关注点？他们的价值观是怎样的？然后根据读者的情况量身定制好的标题，以迎合他们的需求。比如有一篇专门向在校大学生讲授做简历技巧的文章，题目由原来的《在校大学生求职简历做法》改为《为什么我花了 1 周时间做的简历在 1 秒钟内就被 HR 丢到一边》更能激起读者的兴趣。因为大部分高校学生求职过程中都会碰到类似的情况，也就是由于简历不过关而与求职机会失之交臂，这样的标题能够激起他们的痛点，让他们产生极大的阅读兴趣。

（3） 突出文章价值

基于受众分析了解到受众最关心什么以后，可以通过标题向其传递文章带来的价值，让其意识到花时间去阅读是值得的。为了清晰明了、形象生动地说明文章的价值，建议采用以下两种方法。

1） 用具体的数字量化收益，让读者觉得值得

比如《具备这样的能力，你也可以成为年薪过百万的人》《用三招搞定绩效管理》《高效项目管理四步法》等标题，都用具体的数据让读者一目了然地知道阅读这篇文章可能得到什么样的好处，用具体的收益激发读者阅读的兴趣。

2） 用形象的比喻，让益处浅显易懂

使用比喻，能够让语言形象生动，更有感染力。比如《思维导图——舞出你的内在力量》《领导者之剑——问题分析与解决》。

（4）巧用语言技巧，设置匠心独具的标题

可以考虑使用以下常用的修辞技巧，将标题设计得更为吸引人。

对比：《小人物的大故事》《红与黑》《为了忘却的记忆》《城里人，乡下人》。

设问：《你有一颗柔弱的心吗?》《谁是阿 Q?》《是谁动了我的奶酪?》《今天，你学会了什么?》。

拟人：《冬天的诉说》《蚊子的自白》《螳螂的秘密》《诚信漂流记》。

反问：《雷锋真的没户口?》《我是差生，我容易吗?》《阿斗扶不起来，怪谁?》。

反语：《我是一个傻女孩》《我想当个差生》《其实我很笨》《爸爸，我不想做你的女儿》。

反串：《引得春风渡玉门》《胜利乃成功之母》《开卷未必有益》《"松松垮垮"出人才》。

综合以上分析，建议在设计标题时考虑填写表格 7 - 1，使思考过程更为清晰。

表 7 - 1　设计标题的思考要点

文章主题	文章亮点	受众分析	解决受众什么痛点	给受众带来的好处	选用的修辞手法

7.2 撰写序言：让读者产生兴趣和正确的预期

1. 序言的重要性

序言是读者开始阅读文章首先接触到的文字，决定他们对文章的第一印象，也决定了他们是否有兴趣继续往下读。序言的重要性体现在：

（1）讲好一个故事，让读者产生兴趣

麦肯锡公司的一些咨询顾问认为，文章的序言最好采用讲故事的方式，先介绍读者熟悉的某些背景资料，再说明发生的冲突，由此才能引发读者的疑问，继而作者就可针对该疑问做出回答。这种故事式的写法能给读者留下深刻的第一印象，让他们感兴趣的同时专注于你文章后面的分析。

（2）介绍主要内容和结构，让读者一目了然

一般情况下，读者对于文章所要说明的情况或者传递的信息并不了解，通过序言简短的话语进行铺垫，让读者迅速了解这篇文章是在什么样的背景下完成的，到底想解决什么问题，文章结构的大致安排，这样将使读者一开始就对文章有一个清晰的了解，对文章产生一个正确的预期。

（3）说明主要观点，帮助读者节约时间

在序言中简要总结文章的写作目的和主要观点，让读者迅速掌握文章的核心内容，帮助他们节约阅读时间。

2．SCQA 框架

按照《金字塔原理》的观点，序言就是要讲好一个开头的故事，这个时候用 SCQA 框架组织撰写思路，将更好地吸引读者的注意力。

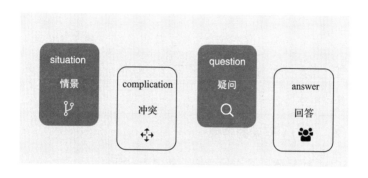

图 7-1　SCQA 框架

（1）什么是 SCQA 框架

在"图 7-1 SCQA 框架"中，各个要素的具体内容是：

- S（situation）：情景陈述，陈述的通常是大家都熟悉的事，普遍认同的事，事情发生的背景。通过先陈述事实产生代入感，容易引起共鸣。

- C（complication）：冲突，推动故事情节发展的因素，打破原有的稳定状态，情节出现转折，引发读者产生悬念。

- Q（question）：疑问，根据前面的冲突从读者的角度提出他们所关心的问题，用于引导读者思考的方向。

- A（answer）：解答，既是对 Q 的回答也是文章要表达的中心思想。

比如下面的这段话就是典型的 SCQA 结构：

年轻的职场人士为了更好地适用工作需要，往往制订了周密的学习计划（S），但是却因为独自一人缺乏足够的定力坚持到底，没过几天就放弃或松懈了（C）。有没有办法解决这个问题呢（Q）？大家可以加入下面的 21 天学习训练营，每天 30 分钟，你将找到一群带有正能量的小伙伴与你一起相互监督学习，成为更好的自己（A）。

（2）SCQA 框架的类型

SCQA 框架还可以四种变体，如图 7 - 2 所示。

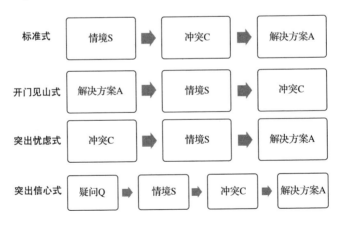

图 7 - 2　SCQA 框架的常见类型

还是上面的例子，按照图 7 - 2 的几种结构可以进行如下四种变体，这些变体展现了不同的语言风格，体现了不同的情绪。

- 标准式（S－C－A）

年轻的职场人士为了更好地适用工作需要，往往制订了周密的学习计划（S）。但是却因为独自一人缺乏足够的定力坚持到底，没有几天就放弃或松懈了（C）。如果加入下面的21天学习训练营，每天30分钟，将可以找到一群带有正能量的小伙伴与之相互监督学习，成为更好的自己（A）。

- 开门见山式（A－S－C）

建议年轻的职场人士加入下面的21天学习训练营，每天30分钟，将可以找到一群带有正能量的小伙伴与之相互监督学习（A），来迅速提升职场竞争力，成为更好的自己（S），解决独自一人缺乏足够的定力坚持到底，没过几天就放弃或松懈的问题（C）。

- 突出忧虑式（C－S－A）

很多年轻的职场人士在利用业余时间学习时往往缺乏足够的定力坚持到底，没过几天就放弃或松懈了（C），而实际上年轻的职场人士也有非常紧迫的学习意识，知道必须加强学习以迅速提升职场竞争力（S）。针对这种情况，建议大家加入下面的21天学习训练营，每天30分钟，将可以找到一群带有正能量的小伙伴与之相互监督学习（A）。

- 突出信心式（Q－S－C－A）

如何帮助年轻职场人士迅速提升职场竞争力（Q）？现在很多年轻的职场人士也有非常紧迫的学习意识（S），但是往往因为独自一人缺乏足够的定力坚持到底，没过几天就放弃或松懈了

（C）。针对这种情况，建议大家加入下面的 21 天学习训练营，每天 30 分钟，将可以找到一群带有正能量的小伙伴与之相互监督学习（A）。

（3）SCQA 框架的应用举例

各位读者可以用这个框架分析很多成功的演讲、文章、广告语的构思框架，比如下面脍炙人口的例子：

"今年过节（S）不收礼（C），（Q）收礼只收脑白金（A）。"

——某脍炙人口的广告语

葛优登上珠穆朗玛峰（S），拿出手机，高山上应该没有信号（C），（Q）信号哪里来？"喂？"（旁白——"中国移动，覆盖 99% 区域（A）"）

（这是"中国移动"的广告，全部广告只有一个"喂"字，却利用 SCQA 框架营造出场景吸引观众注意力）

甚至于一些知名的古诗词也用了这个框架构思，比如李清照的词《如梦令》：

昨夜雨疏风骤，浓睡不消残酒。试问卷帘人，却道海棠依旧。知否，知否？应是绿肥红瘦。

情境 S：昨晚大风有雨，我喝多了睡得很好。

冲突 C：本来以为花都谢了，卷帘人却说海棠依旧美丽。

疑问 Q：为什么会这样呢？

回答 A：实际上应该是绿叶繁茂，红花凋零。

3. 序言的几种类型

基于 SCQA 框架，在写作序言时，根据不同的冲突点所对应的不同类型问题，可以有以下四种写作方式，见表 7 - 2。

表 7 - 2　序言的几种类型

问题的类型	背景（S）	冲突（C）	提出的问题（Q）
提出方案型	需要实现某个目标	出现了阻碍目标完成的问题	如何解决问题？
实施方案型	存在某个问题	知道了解决问题的方案	具体如何实施？
选择方案型	存在某个问题	有好几个解决方案	该如何选择？
评价方案型	执行了某个方案	方案效果不尽人意	为什么没有达到预期效果？

251

（1）提出方案型

关于 21 天学习营的例子就属于这种类型。

（2）实施方案型

营销部的刘经理准备执行一项新的营销方案，为了获得财务方面的支持，他特意向相关领导递交了一份申请：

由于互联网的冲击，这两年产品的销售额每年呈 5% 左右的速度下滑。

我们在分析市场环境和竞争对手动态的基础上，已经制订了新的全渠道营销方案，准备近期实施。

如何保证方案执行能达到预期效果呢？

我需要在以下方面得到支持……

（3）选择方案型

小王所在的部门正在考虑新商店的选择，受部门经理委托，小王到三个备选的地址进行了详细考察，回来向他的上级所提交报告的序言结构如下：

受公司委托，我花了 3 周时间到新商店的备选地址 A、B、C 进行了仔细地调研。

根据我的调查和分析，我认为 B 地点更适合开店。

凭什么可以做出这样的选择呢？

我的评价标准如下：……

（4）评价方案型

某网络平台实施了一项新的售后服务方案，但是效果却不是太好，小李在调研分析的基础上完成了一份报告，序言如下：

本公司于 2019 年 1 月 1 日开始执行了新的售后服务方案。

新方案执行半年以来，效果不尽人意，主要反映在投诉率比去年同期上升了 20%，客户满意度下降 10%。

到底是什么原因导致了以上情况的出现呢？

通过调查，我发现……

7.3 组织思路：简单清晰的思维模型

1. 商务文书的2W1H框架

写作过程中面对纷繁芜杂的素材，为了快速且清晰有效地传递信息，就需要应用合适的框架将各类信息素材组织起来形成有机的整体，而最简单、最基础的框架就是2W1H，如图7－3所示。

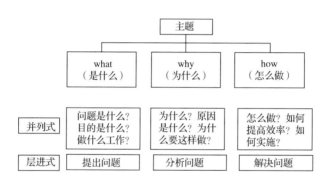

图 7－3 商务文书中的 2W1H 框架

2. 商务文书的结构类型

按照2W1H框架，根据文书的写作目的，商务文书的整体结构又可以划分为两种，即以描述说明为目的的并列式结构和以解决问题为目的的层进式结构。

（1）并列式：用于描述说明

图7－3中并列式结构用于按照"是什么—为什么—怎么做"的框架进行描述说明，使用此框架可以帮助我们迅速厘清思路，

将散乱的信息进行归并，而读者也可以迅速抓住要点，提高双方的沟通效率。

比如要向学员介绍六西格玛管理的知识，按照并列式组织课程主体内容的介绍如下：

what：六西格玛管理的主要内容；

why：为什么要学习六西格玛管理；

how：企业应该如何将六西格玛管理应用于管理中。

按照"并列式"结构，what、why、how 之间的顺序是可以根据情况进行调整的，而且并不一定需要把 3 个方面都展开。根据读者的情况以及具体的沟通情境，可以有选择性地去掉某个要素，或者对某个要素仅仅做简单介绍。

比如上面的例子，如果为了强调六西格玛管理在企业管理中的重要性，以此引起读者的重视，则应该把 why 的内容放到前面。又如，如果读者对六西格玛管理的背景已有比较多的了解，则可考虑在简单介绍 what 以后省略掉 why 的内容，而将重点放到结合企业实际说明如何应用。

（2）层进式：用于解决问题

与"并列式"不同的是，层进式的逻辑是按照"提出问题→分析问题→解决问题"的思维顺序传递信息的，因此，这个框架不像并列式框架那样可以灵活变换，该框架是固定的，因为表达的逻辑肯定是先发现问题，然后再分析和解决问题。

应用层进式组织思路时，可先绘制如图 7 - 4 所示的结构图，为了更加清楚地显示分析的逻辑，表象、原因和解决方案最好一一对应。

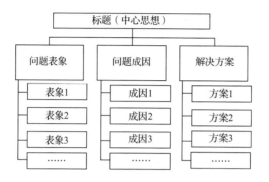

图 7 - 4　层进式结构

3．综合举例

咨询顾问 A 针对某公司近两年市场竞争力下降的情况进行调研，得出的主要结论是由于市场环境发生较大的变化，在消费需求、竞争环境、技术环境发生变化的情况下，公司应该通过实施全渠道营销改进已有的营销策略，那么按照层进式框架，可以用图 7 - 5 所示的思路组织整个报告的内容。

255

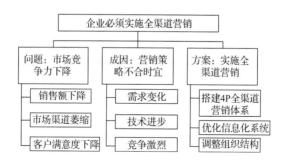

图 7 - 5　咨询报告的层进式结构

按照这个结构来组织报告，具有较强的说服力，让读者意识到全渠道营销是解决公司营销方面问题的最好选择。如果报告获得管理层同意，在执行过程中需要向公司相关人员进行培训，让他们理解公司为什么要执行全渠道营销策略，该如何执行时，培训内容的组织则应该按照并列式结构，如图 7-6 所示。

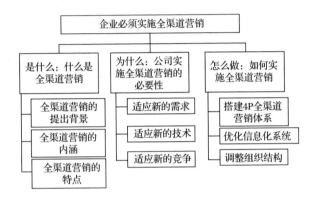

图 7-6 咨询报告的并列式结构

7.4 商务文书的分析与提炼过程

1. what：界定问题

无论是写工作汇报还是写咨询报告，都是为了解决问题，而解决问题的前提是明确问题的属性，对问题进行全面诊断，才可以提出完整、有效的解决方案。

按照结构化表达的基本原理，界定问题的步骤有以下两个。

(1) 步骤一：明确问题的四个要素

要素一：背景 (S)，即问题所产生的环境描述，这里需要说明的是，问题都是在特定环境下产生的，换了环境，就不一定是问题了。

要素二：现状（R1），即问题目前的状态，有哪些特点。为了说明公司产品市场竞争力下降，可以直接用数据反映，比如本年的市场份额下降了30%。

要素三：目标（R2）。经过诊断问题和解决问题，期望达到的状态，比如执行新的营销方案后，销售额有望提升30%。

要素四：解决的方案，也就是结合现状和目标，为了解决存在的问题，所应该采取的措施。

（2）步骤二：确定问题的类型，找准写作目标

按照以上界定问题的基本要素，根据寻找解决方案的不同出发点，结合读者的具体情况，选择以下七种问题的框架对问题进行清晰界定，以明确写作目标，这七种问题分别是：

- 第一种类型的问题：寻找方案（图 7-7）
- 第二种类型的问题：方案是否正确（图 7-8）
- 第三种类型的问题：如何实施方案（图 7-9）
- 第四种类型的问题：方案无法实施（图 7-10）
- 第五种类型的问题：方案选择（图 7-11）
- 第六种类型的问题：目标有待明确（图 7-12）
- 第七种类型的问题：现状有待明确（图 7-13）

图 7 - 7　第一种类型的问题

图 7 - 8　第二种类型的问题

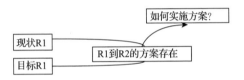

图 7 - 9　第三种类型的问题

258

图 7 - 10　第四种类型的问题

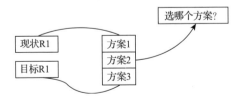

图 7 - 11　第五种类型的问题

图 7 - 12　第六种类型的问题

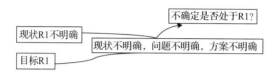

图 7 - 13　第七种类型的问题

　　从以上七张图的框架可以看出，在明确界定问题前首先要回答问题属于哪种类型，然后层层分解问题，对问题进行清晰界定。

举例

259

　　小刘所在的营销部门从今年开始开通了网络销售渠道，以适应市场新的变化，在对公司营销现状和竞争环境分析的基础上，小刘按照以上框架，整理了自己的想法。

　　步骤一：

　　背景 S：竞争环境发生变化，公司开通网络销售渠道。

　　现状 R1：公司缺乏网络销售的经验，现有线下渠道受互联网的冲击较大。

　　目标 R2：开拓新的网络销售渠道，增加市场份额。

　　问题 Q：采取何种营销新策略？

　　步骤二：

　　经过大家的讨论和分析，认为应该实施全渠道营销方案。

问题 Q：应该如何实施全渠道营销？

步骤三：

现状 R1：公司缺乏全渠道营销的人才和资源。

目标 R2：树立同类企业 B 为学习标杆，搭建全渠道营销体系。

问题 Q：营销部门、生产部门、人力资源部、财务部等相关部门分别该采取什么措施解决实施全渠道营销存在的问题？

从以上例子可以看到，这个分析过程是一个循环的过程，通过不断回答、提问、再回答、再提问，直到把问题完全分解，才可能得到有效的答案。

2．why：分析问题的成因

问题界定清楚后，在提出解决方案前，需要对问题的成因进行分析才可能找出解决方案，分析问题的成因需要按照 MECE 原则对成因进行归纳和总结，分类的方法包括开放式分类和封闭式分类。

（1）开放式分类

开放式分类就是根据实际情况，选择相应的标准，依据这个标准对成因进行分类，只要分类以后的信息是清晰的、准确的，符合实际需求即可。

比如对某公司 30 岁左右的员工流失率较高的原因进行分析，通过访谈相关人员后，在梳理原因时准备从薪酬水平、培训机会、职业发展等三个层面将员工离职的原因进行归纳和总结。

对于分类本身而言，每一种分类方式并无好坏对错之分，同样的对象，选取的标准不同，分类结果也会存在很大的差异，但是无论采用何种标准，最后分类的结果一定要满足 MECE 原则。

（2）封闭式分类

为了全面、系统地分析问题，可以选用一些约定俗成的、常用的以及成熟而稳定的经典框架或模型对成因进行分类，使成因与框架的各要素一一对应。

比如可以简单地将成因分为外部原因和内部原因、客观原因和主观原因，或者按照 4P 框架分别从产品、价格、渠道、促销等方面分析成因。常用的框架还有 4C、PDCA、PEST 等。

使用封闭式分类的好处在于可以保证分类的清晰与准确，毕竟这些模型都是成熟、稳定的分类方式。而且由于这些框架或模型都是为人们所熟知且认可的，直接调用也更容易让受众理解和接受，还能体现自己的专业性。

3. how：找出解决方案

根据前面界定的问题和成因，在说明解决方案时仍然可以采取第 2 章所提到的三种表达顺序，即时间顺序、结构顺序和重要性顺序。

（1）时间顺序

按照时间的递推介绍解决方案，比如，将方案分为 3 个阶段，分别说明在启动阶段、开发阶段和完成阶段该做哪些工作；又或将项目分为前期、中期和后期，分别说明每一阶段的工作内容。

总之,时间顺序是以时间为维度介绍方案的内容。

(2) 结构顺序

结构顺序体现的是组成整体的各个部分,或者构成系统的要素之间的关系,这些部分之间往往是平行并列的关系。具体的排序原则根据受众的需要和表达的目的,没有定式,比如可以将受众最关心的问题放到前面,或者与前面的成因分析一一对应。

(3) 重要性顺序

重要性顺序就是按照对策轻重缓急的程度进行排列。一般会用到"首要工作是……,其次是……,最后是……"的信息组织方式。按照重要性顺序介绍方案可以使写作内容重点突出、主次分明。

在具体选择以上三种顺序时,每一个分支中相同的层级,只能选择同一种排序方式,而在不同层级中可以选择不同的排序方式。

如图 7-14 所示,根据员工流失率高的成因,小李准备从三个方面提出解决方案。

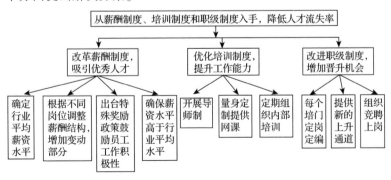

图 7-14 降低人才流失率的解决方案框架

在整个体系的第一层，使用的是结构顺序，而且与前面的成因一一对应，这个层次是比较清晰的。在第二层中，改革薪酬制度下面的四个内容，有的是按照工作程序，即时间顺序来组织信息的，比如先确定行业水平，然后改革薪酬制度以后确保薪资水平高于平均水平，但是调整薪酬结构和出台奖励政策又都属于薪酬制度的不同内容，是按照结构顺序来组织信息的，这四项内容在同一个层次中，但是却按照不同的顺序组织信息，这样造成了这个层次的信息组织较为混乱。"改进职级制度，增加晋升机会"下面的三项内容也存在同样的问题。

4. 提炼各个层次的总结句

结构化表达的基本原则是结论先行，因此在构思文章过程中，必须将各个层次的总结句提炼出来，而且，按照"以上统下"的原则，位于金字塔顶端每一层次上的思想必须是对下一个层次思想的提炼和总结，因而各个层次的分论点也必须能够将分层次结构上的中心内容进行提炼。

对于总结句的提炼有以下基本要求（图 7 - 15）。

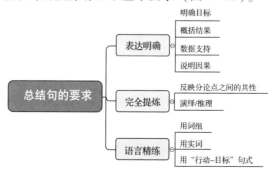

图 7 - 15 提炼总结句的基本要求

（1）表达明确

表达明确，也就是不要空洞的废话，导致写了和没有写一样。比如向上司汇报本月的工作，中心句写成"上个月工作总结，下个月工作计划"，虽然简单直白，但是却和没有写一样，流于表面，如果改成"本月工作总结：销售业绩提升10%；下月工作计划：超额完成考核指标的20%"，这就是中心明确了。

所以表达明确的中心句要善于使用数据进行明确说明，明确说明实现的目标或者结果，而且能够清晰地反映各个要素之间的因果关系，不能含糊。

（2）完全提炼

要能够找出各个分论点之间的共性，以设计合适的中心句做到"以上统下"，可以使用前面所介绍的演绎法或者归纳法进行总结和提炼。

（3）语言精练

中心句应该是高度概括和总结的，因此要惜字如金，不要用虚词，多用动宾组合的词组，也可以使用"行动－目标"的句式。比如撰写企业营销策略改进分析的报告中，可以使用以下中心句将报告的核心观点旗帜鲜明地展现在读者面前：用6个月时间在企业内部推广全渠道营销策略，争取年底销售额回到市场第一名的水平。

举例

某公司要求营销策划人员小李拿出一份方案来宣传推广最新

研发设计的一款产品，方案执行时间为 1 个月。

小李在构思方案的过程中，拿出了如图 7 - 16 的构思图。

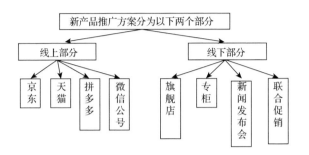

图 7 - 16　新产品推广方案构思图

按照提炼总结句的要求，这个结构图是一个比较失败的设计，如果按照该结构撰写报告或者做方案汇报，估计不会得到领导的认可。主要问题在于总结过于笼统，没有说明目标和具体的做法，缺乏解释依据，让人看后感觉不够清晰，也缺乏亮点。根据存在的问题，读者可以对照总结句的撰写标准，对此结构图进行修改。

265

7.5　善用结构，轻松搞定工作总结

1. 工作总结就那么重要吗？

对于大部分职场人士来说，工作总结可以说是一种常见文体，或者说写工作总结也是职场人士的日常性工作。从时间上看，大到年度总结，小到周报甚至日报；从内容上看，大到项目总结，小到日常工作总结，都是职场人士要面对的常见写作

任务。

无论何种类型的工作总结，基本内容都是对某个特定阶段所做的事情以及取得的成果进行梳理、提炼、归纳、分析和评估，主要目的在于回顾以往工作，并以一定的结构呈现给领导和组织。

虽然写工作总结是绝大部分职场人士必须完成的一个任务，但是大家在认识上也存在一定的误区，很多人认为写工作总结就是走过场，是一种形式主义。正因为如此，大家对待工作总结的态度往往比较消极，要么用记"流水账"应付，要么采用"任务清单式"逐一罗列工作事项，不愿意多动脑筋，敷衍了事。

事实上，工作总结是工作成绩的呈现，在有的组织中甚至被作为绩效考核或者升职的依据，并非是一种毫无意义的"形式"。凭借出色的工作总结获得上级青睐，在组织中脱颖而出的案例比比皆是。

能否写出一份有思想、有高度的工作总结，对于个人职业发展至关重要，好的工作总结不应该只是将一段时间内所有工作进行简单汇总，还应该是对个人职业素养的充分体现，也是对自身工作理念和态度的展示。

2. 如何写出一份体现自身价值的工作总结

在这里我们分步骤说明写工作总结的过程，如图 7 - 17 所示。

图 7 - 17　工作总结的写作过程

(1) 步骤一：罗列关键工作成果

有一个项目经理这样进行工作总结：我们项目顺利完成得益于团队成员的努力配合，部分成员为了项目累得住院也不惜带病坚持，有的成员为了加班都把孩子送到老人家托管，还有的成员连续一周没有回家，吃住都在办公室……

这样的工作总结合适吗？实际上这又反映了很多人在认识上的一个误区：认为工作总结就是将工作内容进行堆砌，应该抓住这个机会说明自己的辛劳与勤恳，向领导表现，体现自己或者团队有多么不容易。

实际上工作总结的读者主要是领导和组织，从他们的立场来看，领导希望通过工作总结对你个人能力和项目的成果进行评估，组织则希望通过工作总结为各种考核提供依据，因此他们更加关注的是你最终实现的业绩，是做出各种付出和努力以后所产生的成果，因此工作总结应该注意"成果导向"，也就是你付出努力以后取得了哪些实实在在的成果，而不只是你做了什么，在时间有限的情况下，你做了什么甚至可以忽略不计。

因此，写工作总结要遵循"以终为始"的原则，聚焦于"终"，清晰明确地向他人展示自己的工作成果，而不是千方百计地表现自己干了多少活，自己有多勤奋、多辛苦，不要花太多笔

267

墨在工作细节上，更多的精力要围绕介绍工作成果展开。

那么到底哪些内容可以概括为成果呢？成果包括了行为结果和成就结果，其中行为是过程指标，成就是结果。比如，我在本周内一共花了 20 个小时复习这本书，这属于"行为"，复习完后在随后的考试中得到了 90 分的成绩，这就是"成就"。

在总结成果和业绩时，"行为成果"和"成就成果"都可以提炼出来，但是重点还是在"成就成果"上面。

为了更全面、清晰地进行总结，可以采用表 7 - 3 进行整理，该表格也可以应用于平时的记录中，在工作中随时将工作所取得的成果输入以下表格中，以方便迅速、完整地撰写总结。

表 7 - 3　"行动 - 成果"表格

行动	成果	目标

之所以增加了"目标"一列，是因为如果工作总结是阶段性的，此时可能还没有取得实质性的成果，这个时候就可以用预期目标代替，而且按照目标总结行动和成果，目标导向更为明确，这样可以使工作总结更加满足领导的价值需求。

在填写行动和成果时要注意用数据和事实将信息更加具体化，毕竟工作总结是干货，容不得任何正确的废话。比如作为保险销售，在"行动"一栏填上"持续拜访客户"就不如写"坚持拜访客户，日均现场拜访客户 4 位，电话联系 20 位，微信联系

40 位"的效果好。

（2）步骤二：将成果分类

按照 MECE 原则将成果分类，采取的分类方法包括开放式分类和封闭式分类，这两种方法在前面已经介绍过，在此不再重复。

对成果分类可供选择的标准为：按照工作职责分类，比如高校教师在写年度总结时往往倾向于从思想品德、教书育人、科学研究和社会服务等四个维度总结业绩，从事人力资源管理工作的人员倾向于使用"选、育、用、留"的框架对工作业绩进行归类。

无论是采取开放式分类还是封闭式分类，主要目的都在于建立一种结构化、框架化的思维方式，这种思维方式一方面有利于对自己的思路进行有条理的梳理，另一方面也有助于清晰而高效地进行表达。

269

（3）步骤三：排序整理

常用的顺序包括时间顺序、重要性顺序、结构顺序以及"现象/问题 – 原因 – 解决方案"，具体采用何种顺序主要是根据读者的偏好。

时间顺序比较常见，使用起来也比较容易驾驭，如果使用这种顺序注意通过关键词来体现出工作的流程，比如客户关系部的经理在写工作总结时，可以从"吸引新客户、挖掘客户资源、连接客户资源"这几个关键词来体现流程上的递进关系。

如果知道领导最关注哪方面的工作，可以按照重要性顺序，将领导最关注的工作放到前面汇报，或者将最想体现的工作业绩中最有价值的内容放到最前面汇报。

在以上四种顺序中，时间顺序、重要性顺序、结构顺序体现的是横向关系的信息关联，而"现象/问题 – 原因 – 解决方案"体现的是纵向关系的内在联系，信息之间存在明显的因果论证关系，这种顺序在项目总结中比较多见。

总之，无论采用何种顺序，其基本要求都是必须关注事物的内在联系，在表达时考虑受众需要和情境需要，选用合适的顺序便于读者理解。

（4）步骤四：概括总结，写出高度

概括是一种重要的能力，还是一种高层次的能力。美国的管理学学者罗伯特·卡茨指出，有效的管理者必须具备三种技能：技术技能、人际技能和概念技能，如图 7 – 18 所示。概念技能是指管理者对复杂的情况进行分析和诊断、抽象和概念化的技能，管理者的级别越高，对概念技能的要求则越高。

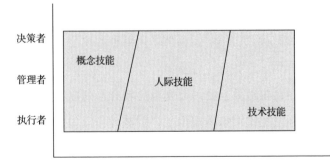

图 7 – 18　有效管理者需具备的技能

概括能力属于概念技能范畴，是否具备好的概括能力取决于能否通过现象抓住本质，从复杂的信息中找准问题。在这里通过概括进行提炼所要做的工作就是舍弃掉次要的、非本质的属性，将主要的、本质的属性抽取出来，从而形成关于这一类事物更为普遍的概念。善于概括的人也是我们常说的"有思想、有见识"的人，而善于在总结中进行高度概括，则可以提升工作总结的档次，让其成为一份"有高度、有水平"的文档。

概括提炼观点要做的工作包括两个方面，首先是抽取重点、化繁为简，其次是通过概括形成结论，通过清晰明确的结论在较短的时间内将某个复杂的事情用简洁的方式说清楚，帮助对方迅速抓住自己想表达的重点。

要提高概括能力，关键在于勤思考、多练习，善于模仿，特别是多琢磨那些文笔干净利落的文档，琢磨作者是如何表述观点的，在会议上多揣摩会议主持人是如何将嘉宾的发言进行总结和拔高的，而自己在提炼观点后，也要多向身边善于写作的同事和朋友请教，让他们帮忙参考。经过多次练习和实践后，这方面的能力便可以飞速提高。

271

案例：提升概括能力，写出有高度的工作总结

某公司营销部门经理为了撰写 2019 年 8 月份的月度工作总结，根据取得的成绩画出了如图 7-19 所示的框架。

这个框架的优点在于按照营销部门的主要工作职责将业绩进行了分类，且把领导最关心的情况"市场销售"放到前面，这都是比较符合结构化原则的。

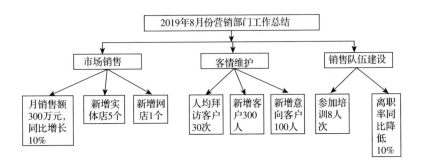

图 7-19　营销部门月度工作总结框架初稿

该框架最大的问题在于缺乏高度的概括和总结，不能体现出作者的概括能力，而且如果按照这个思路撰写工作总结，工作总结的沟通效果也会比较一般，缺乏思想和高度。根据上面的分析，我们可以做如图 7-20 所示的修改。

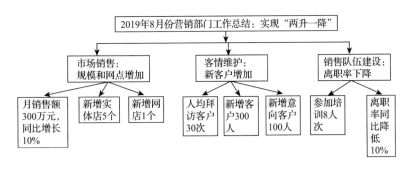

图 7-20　营销部门月度工作总结框架修改稿

7.6　用好这几招，研究报告写起来也顺手

多数情况下，研究报告属于问题导向型的商务文书，诸如工作方案、项目计划或者研究咨询报告等都属于这种类型，通常是

围绕着实际问题，以团队形式合作后通过撰写报告来展现研究成果。这种报告具有比较强的专业性，项目团队成员往往都是咨询师、研究员或者学者，而报告的内容通常也相对复杂，篇幅较长，对写作者要求较高。按照结构化表达的基本要求，在撰写研究报告的过程中要注意做好以下三方面的工作：

1. 精雕细琢一个精彩的序言

序言的作用在于向读者陈述已知的事实，引导读者了解写报告的原因、目的、大致内容和主要观点，使之产生阅读动机，乐意将整个报告看完。

序言是读者重点看的内容，也决定了是否能够引起读者的注意，因此要设计引人注目的序言方能激发读者的阅读兴趣。根据前面的分析，故事是最能吸引人的，因此写作序言时还是可以用前面所分析过的 SCQA 框架讲好一个故事，其大致思路是先铺设一个"情境"，再制造"冲击点"，从而引发"疑问"，最后给出"答案"，而"答案"就是这份报告的内容。

（1）情境铺陈要从读者的角度进行

"情境"作为开场白，目的是将读者从目前的现实状况中抽离出来，将其锁定在一个特定的时空中，为阅读后续的故事发展热身。在进行"情境"铺陈时一定要考虑读者的具体情况，选择读者最有可能认同的主题，以说故事的手法去撰写，这样比较容易在开始时让读者产生认同感，为后面的阅读奠定良好的基础。如果开始描写的"情境"就得不到读者的认同，读者可能会选择

273

放弃，则后面的内容写得再精彩也无济于事。

（2）序言的三种结构类型

研究报告往往回答由以下三个基本问题之一所衍变出来的问题：

- 我们必须做什么？（需要解决问题的方案）
- 我们必须这样做吗？（已有解决问题的方案）
- 我们要怎么做？（已经采纳解决问题的方案）

与之相对应，由"情境—冲击点—问题"所构成的序言有以下三种类型，见表 7-4。

表 7-4　序言的三种类型

类型	模式	语气	内容
问题解决型	方法（how）	该怎样做	介绍如何做一件事情，采用什么样的方案解决问题
寻求同意型	同意或者赞同（yes or no）	请求同意	已有方案，说服读者认可这个方案
行动选择型	多选一（choice）	有多个方案，请示核准某个方案	提出不同方案，请主管选择

"问题解决型"的序言是关于"如何做"及"怎么做"的模式，针对问题的背景和成因给读者行动方面的建议，常见的文书有咨询公司的诊断报告。这类序言的写作要点在于通过"情境—冲击点—问题"的铺陈，让读者一方面认识到采取该方案的迫切性，另一方面由于前面强大的逻辑能够让读者顺理成章地认同报

告中的主要观点。

"寻求同意型"的序言要注意通过"情境—冲击点—问题"的分析让理由变得非常充分，通过数据和事实让读者（主要是上级）意识到必须这样做或者不这样做，这是你根据实际情况加上自己的专业判断所得出的结论。

"行动选择型"序言的逻辑主线包括或者"两利相权取其重"，即几个方案都可以解决问题，但是 A 方案在哪些方面优点比较明显，所以选择 A 方案。或者是"两害相权取其轻"，也就是几个方案都有不足之处，但是 A 方案最符合公司经营现状，所以选 A。值得说明的是，无论是优点的选择还是缺点的说明，也要从读者的立场出发，即对方最关心什么，比如报告写给财务主管，他最关心的是成本和资金周转，写给营销主管，他最关心的是销售额、市场份额和客户规模等。

（3）写作序言的注意事项

● 序言必须是无须经过佐证的内容

放在最开头的文字必须是让读者不需要花太多心思就能接受的论点，这有助于先取得读者的认同和信任，使之继续阅读下去。如果在开头为了论证某个论点就放入一堆用于证明的图表或者例证，会让读者花费更多的时间思考其中的推论是否正确，反而会转移读者的注意力，冲淡序言的主题。

● 序言必备"情境""冲击点"和"问题"三要素

前面已经分析过，这是一个好的序言必备的三要素，在写作时可以将之包装成为故事的形式，在一开头就吸引读者的注意。

● 序言的"问题"只有一个

报告的主题只有一个,解决的问题也只有一个,那么报告的序言中,最后提出的问题也应该只有一个,如果有两个问题,则它们之间必须紧密关联。

● 序言和正文必须高度匹配

在正文完成后再对序言进行修改,通过检查正文内容中的论点回溯序言部分,要保证序言和正文的逻辑性密切相关。

2.设计整体框架图

(1) 使用解决问题的基本流程

研究报告是为了解决问题,而解决问题的前提是界定问题和分析问题的成因,因此在设计整体框架时,可以使用如图 7 - 21 所示的分析问题的基本流程来设计报告的整体框架。

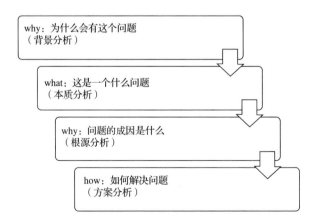

图 7 - 21　分析问题的基本流程

(2) 使用"空""雨""伞"思考模式

麦肯锡公司经常使用"空""雨""伞"模式解决问题。"空""雨""伞"是一种很形象的说法，也就是我们出门时会看看天气，如果预感会下雨则会带上伞出门，防患于未然。在实际分析过程中，"空""雨""伞"的含义，如图 7-22 所示。

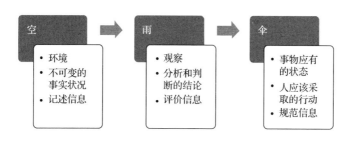

图 7-22　"空""雨""伞"思考模式

"空"代表背景，即问题出现在何种状况中，有哪些特征事实；"雨"意味着根据事实，有可能会有什么样的结论；"伞"是达成现状和预计之间的差距办法。

比如，公司本月华东地区的市场份额下降了 20%，看到这个信息以后，作为市场部经理你感到不安，预感这是一个不好的开始，如果不采取一定措施将会有更加严重的后果，于是你决定召集一个会议，讨论问题背后的原因，并将重振华中地区市场作为下个月的工作重点。

(3) 使用固定的框架设计报告的整体框架

经典的框架包括 4P、4C、PDCA、SWOT、SMART 等，不同的专业都有一些经典框架供分析问题时使用，如果可以直接套用，则整体框架更加清晰，读者也容易理解。

（4）拟定层级标题

研究报告的层次与结构通过阅读层次标题即可反映出来，因此在拟定层次标题时一定要在中心论点的基础上反复推敲，琢磨如何用最精练、最简明的方式体现每个部分的观点和内容。应该遵循的原则包括以下四条。

1）标题上下之间的包含与被包含关系

按照结构化表达"以上统下"的原则，上一层标题必须能够概括下一层标题的内容。比如在"A企业营销现状分析"中包括三个子标题："A企业营销现状""A企业营销中存在的问题""A企业营销中存在问题的成因"，这个总的标题就不合适，因为该标题没有将问题和成因概括进去。

2）同层次标题之间要遵循 MECE 原则

同级标题之间不能有交叉重复，同级标题的内容加起来能够完整地解释上一级标题的内容。

比如下面来自某个报告中的第三章结构：

第三章 ＊＊＊市电子商务发展趋势

（一）总体交易规模发展趋势

（二）网络零售交易规模发展趋势

（三）网络零售网店交易规模发展趋势

（四）网络零售自营交易规模发展趋势

（五）B2B 电子商务交易规模发展趋势

（六）中小企业 B2B 交易规模发展趋势

（七）大型企业 B2B 交易规模发展趋势

（八）OTA 电子商务交易规模发展趋势

这一章的结构就不符合 MECE 原则，因为网络零售就含了网络零售自营和网点交易，（二）（三）（四）之间不是并列关系，B2B 交易就包括中小企业的和大型企业的，（五）（六）（七）之间也不是并列关系，修改后如下：

第三章 ＊＊＊市电子商务发展趋势

（一）总体交易规模发展趋势

（二）分类交易规模发展趋势

1. 网络零售交易规模发展趋势

2. B2B 电子商务交易规模发展趋势

3. OTA 电子商务交易规模发展趋势

这样（一）（二）之间就满足了 MECE 原则，而（二）下面的分标题相互之间也是并列关系，组合起来刚好是（二）的内容。

3）用相同的语法结构拟定同一个层次的标题

同一组不同论点的标题用相同的语法结构可以体现出这些论点之间的相似性，对读者也更为友好。比如在对策部分提出"聚焦创意设计，打造原创品牌的聚集地""顺应消费升级新趋势，打造国家级消费中心"的观点，这两个结论采用的都是"措施＋目标"的语法结构，而每个词组又都统一采用的是动宾结构。

4）标题用词力求简洁

冗长的标题无法让读者一下看懂，只有简洁的标题才能在短时间内将信息传递给读者，因此一定要字斟句酌地拟定一个清楚有力的标题，让人一看即懂。

3. 通过页面编排技巧呈现报告的结构

如果报告篇幅较长，层次较多，宜通过常用的页面编排技巧使论点之间的层次和逻辑关系一目了然。

（1）层级标题

将同一层次的论点以相同的视觉符号表达，其下一级论点推向页面右方，以此类推，整份报告在视觉上就会有相当清晰的逻辑脉络。另外同一层次的论点使用同一字号，不同层次的论点使用不同字号，上一层次的论点比下一层次的论点使用更大的字号，也可以体现出标题的层级。

（2）画底线

在核心论点上可以通过画底线的方式强化该论点的视觉印象，但是不要使用太多的画底线，以免使文档显得杂乱。

（3）数字编号

运用"一"、"（一）""1.""（1）"……或者1.1、1.1.1……这样带有数字级别编号的标题帮助读者识别论点的层次，以方便读者阅读。

本章思维导图

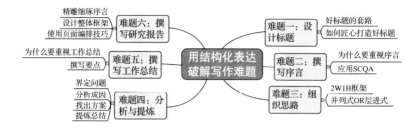

参 考 文 献

[1] 明托. 金字塔原理 [M]. 汪洱, 高愉, 译. 海口：南海出版公司, 2013.

[2] 李忠秋. 结构思考力 [M]. 北京：电子工业出版社, 2014.

[3] 李忠秋. 透过结构看世界 [M]. 北京：电子工业出版社, 2015.

[4] 李忠秋, 刘晨, 张玮. 结构化写作 [M]. 北京：人民邮电出版社, 2017.

[5] 王友龙. 图解金字塔原理 [M]. 北京：化学工业出版社, 2011.

[6] 王世民. 思维力：高效的系统思维 [M]. 北京：电子工业出版社, 2017.

[7] 王世民, 缪志聪. 学习力：颠覆职场学习的高效方法 [M]. 北京：电子工业出版社, 2018.

[8] 王琳, 朱文浩. 结构性思维 [M]. 北京：中信出版集团股份有限公司, 2016.

[9] 张志, 刘俊, 包翔. 说服力：让你的 PPT 会说话 [M]. 北京：人民邮电出版社, 2010.

[10] 许荣哲. 故事课 1：说故事的人最有影响力 [M]. 北京：北京联合出版有限公司, 2018.

[11] 黄漫宇, 彭虎锋. 商务沟通 [M]. 2 版. 北京：清华大学出版社, 2019.

[12] 汉弗莱. 即兴演讲 [M]. 坰清, 王克平, 译. 北京：人民邮电出版社, 2018.

[13] 麦科马克. 精简 [M]. 何莹, 译. 北京：中国人民大学出版社, 2017.

[14] 谢东江. 麦肯锡文案写作与沟通技巧 [M]. 北京：北京时代华文书局, 2017.

[15] 高田贵久. 精准表达 [M]. 宋晓煜, 译. 南昌：江西人民出版社, 2018.

[16] 高杉尚伊. 麦肯锡教我的逻辑思维 [M]. 北京：中国友谊出版公司, 2016.